Gerhard Dollinger
Lückenbüßer

Gerhard Dollinger

Lückenbüßer

Ärzte erzählen von
Ferieneinsätzen

Betulius Verlag
Stuttgart

Die hier erzählten Geschichten und Berichte sind selbst erlebt; Namen sind teilweise verändert.

Die Deutsche Bibliothek – CIP-Einheitsaufnahme

Lückenbüßer: Ärzte erzählen von Ferieneinsätzen / Gerhard Dollinger. – Stuttgart: Betulius, 1994
ISBN 3-89511-011-6
NE: Dollinger, Gerhard

1 2 3 4 99 97 95 94
Umschlaggestaltung: Atelier Reichert, Stuttgart, unter Verwendung eines Fotos aus Privatbesitz.
Reproduktion: Kilta Kuchenmüller, Grafik Design, Stuttgart.
Gesamtherstellung: Clausen & Bosse, Leck

ISBN 3-89511-011-6

Inhalt

Anschriften der Autoren

Ursula Buck
Weddingenstr. 29 E. D-86179 Augsburg

Dr. Gerhard Dollinger
Schulzengasse 37. D-76307 Karlsbad

Dr. Margot Richter
Gänsheidestr. 48. D-70184 Stuttgart

Dr. Wolfgang Schafnitzl
St.-Georgen-Steige 67. D-75175 Pforzheim

Dr. Christa Schneider-Deters
Ettlinger Str. 2. D-76307 Karlsbad

Annette und Dr. Jens Wacker
Friedenstr. 48. D-76133 Karlsruhe

Dr. Annelies und Dr. Einar Wilder-Smith
Laubeggstr. 33. CH-3006 Bern

Kontaktadressen

Ärzte für die Dritte Welt
Elsheimer Str. 9. D-60322 Frankfurt a. M.
Tel. (069) 71 91 14 56
Spendenkonto Nr. 5555 55–607 Postbank Frankfurt a. M.
BLZ 500 100 60

Deutsches Missionsärzteteam
Dres. Irmela und Werner Wigger
Auf der Buchdahl 9. D-57223 Kreuztal-Osthelden
Tel. (027 32) 27778

Lückenbüßer
Gerhard Dollinger

Auch wenn der Dienst in der Mission so viel Befriedigung verschafft, daß einem die Unbilden des Klimas und die Entbehrungen, die unweigerlich mit einem Leben in der Buschwildnis verknüpft sind, nichts ausmachen, bleibt doch eine Schwierigkeit, die immer ein großes Problem bildet: der Urlaub. Als Alleinarzt an einem Buschkrankenhaus ist man ja sieben Tage in der Woche rund um die Uhr im Dienst, und nach ein paar Jahren dieses pausenlosen Einsatzes ist man körperlich so erledigt, daß man das Gefühl hat: Jetzt geht's nicht mehr.

Aber nun kommt das Problem: Woher eine Vertretung nehmen? Man kann den Laden doch nicht einfach im Stich lassen und sagen: »Macht, was ihr wollt, ich geh', ich kann nicht mehr.«

Ich persönlich habe die Erfahrung gemacht, daß sich jedesmal, wenn ich urlaubsreif war, ein »Lückenbüßer« fand. In den USA ist es seit Generationen üblich, daß sich Ärzte für eine Kurzvertretung in der Mission zur Verfügung stellen. Sie nehmen sich ihren Urlaub und bezahlen die Reise selber, arbeiten am Buschkrankenhaus ohne Lohn, nur für Essen und Unterkunft, und gehen ohne Bedingungen dorthin, wo man sie gerade braucht. Darunter sind Chefärzte, Professoren, Spezialisten aller Fachrichtungen, niedergelassene Ärzte. Ja, einige kommen sogar mit einem ganzen Team aus ihrer Klinik, um spezielle Operationen, die sonst in diesem Lande nicht gemacht werden könnten, auszuführen. Der Buschdoktor bereitet dann von langer Hand alles vor, sucht die Fälle zusammen und bestellt die Patienten zum festgesetzten Zeitpunkt.

Weil ich auf diese Weise, solange ich in der Mission tätig war – und das waren über fünfzehn Jahre –, soviel Hilfe erfahren habe, nahm ich mir vor, auch als Lückenbüßer hinauszugehen, sollte ich je wieder einmal in Deutschland leben.

Vor vielen Jahren, als ich mich entschlossen hatte, in die Mission zu gehen, und auf alle meine Bewerbungen nur Absagen bekommen hatte, sagte ich: »Lieber Gott, ich wollte dir in der Mission dienen, aber du siehst, daß mich keiner haben will. Ich unternehme jetzt nichts mehr, ich sage bloß: Hier bin ich, wenn du mich brauchst.« Damals hatte ich kurz darauf eine Anfrage aus Paraguay bekommen, wohin wir für drei Jahre verpflichtet wurden – es wurden dreizehn Jahre daraus. So habe ich mich mein ganzes Leben lang nicht darum gerissen, irgendeine gute Tat zu tun, sondern ich habe nur gewartet, bis ich gebraucht wurde, und habe dann ja gesagt.

Nun ist, wer einmal draußen auf dem Missionsfeld war, in den einschlägigen Kreisen bekannt. Wenn also irgendwo jemand für einen Kurzeinsatz gebraucht wird, sei es als Arzt, als Schwester, als Lehrer oder was immer, dann wendet man sich zuerst an die »Ehemaligen« und fragt an, ob sie abkömmlich seien.

So ergingen auch an mich von Zeit zu Zeit solche Anfragen. Ich erinnerte mich voll Dankbarkeit an die Ärzte, die bei mir ausgeholfen hatten, und sagte ja. Einen Vertreter für die Praxis zu finden, war nie schwer.

Hier im Dorf hieß es dann gewöhnlich: »Unsern Doktor zieht's mal wieder in den Busch zu seinen Wilden! Aber laßt ihn nur, er kommt ja wieder.« Der Pfarrer kündigte am Sonntag nach der Predigt ab, der Doktor mache einen Missionseinsatz, und bald quoll der Briefkasten am Doktorhaus über von Fünfzig- und Hundertmarkscheinen, an die mit einer Büroklammer Zettel geheftet waren: »Damit Sie helfen können!« – »Wir stehen hinter Ihnen im Gebet.« – »Wir begleiten Sie im Geiste.« – »Kommen Sie gesund wieder!« Diese Zeichen der Verbundenheit haben mich immer zutiefst ergriffen.

So kam es, daß ich alle zwei, drei Jahre einen solchen Lückenbüßereinsatz machte, bis sich die Missionsbehörden wohl dachten: »Der ist jetzt schon so alt, den brauchen wir nicht mehr zu fragen.« Ich habe mich, meinem alten Wahlspruch

folgend, auch nirgends angeboten. So habe ich mit 72 Jahren den letzten Einsatz in Kamerun gemacht, wohin mich meine Frau begleitet hat.
Von einigen dieser Einsätze will ich im folgenden erzählen. Ich habe noch einige andere Ärzte gebeten, solche Lückenbüßereinsätze zu schildern, und ihre Berichte zusammen mit meinen eigenen ergeben ein buntes Bild aus der ganzen Welt.

Ein Ferieneinsatz in Nigeria
Gerhard Dollinger

Als der Bürgerkrieg in Nigeria tobte – in die Geschichte eingegangen als »Biafrakrieg« –, erreichte mich ein Hilferuf. Ich sollte an einem Buschkrankenhaus einspringen, wo große Not herrschte. Ich suchte nach einem Vertreter für die Praxis, der auch bald gefunden war, verpaßte mir die notwendigen Impfungen und bestellte das Flugticket. Wie üblich sprach es sich schnell im Dorf herum, der Pfarrer teilte am Sonntag von der Kanzel aus mit, daß der Doktor wieder einmal vor einem Missionseinsatz stehe, und wie immer häuften sich daraufhin in meinem Briefkasten die Fünfzig- und Hundertmarkscheine, anonym oder mit einem persönlichen Gruß versehen – es kamen einige tausend Mark zusammen. Mit dem Geld habe ich dann, wo nötig, am Buschkrankenhaus für die ärmsten Patienten die von mir selbst durchgeführte Operation bezahlt! Diese Teilnahme meiner Mitbürger ist für mich jedesmal eine besondere Ermunterung. Ich spüre daraus, von wieviel Fürsorge ich umgeben bin. Ich sitze in diesem Dorf sozusagen wie in einem Nest; die Daunen heißen: Liebe und Zuneigung.
Abends nach der Sprechstunde bringt mich meine Frau nach Stuttgart zum Flughafen. Von dort geht der Flug nach Frankfurt, dann mit dem Großraumjet nach Kano in Nordnigeria. Umsteigen in eine kleinere Maschine nach Jos im Muri-Gebiet; in Jos erwartet mich schon der Missionspilot mit dem

kleinen einmotorigen Missionsflugzeug und bringt mich nach Bambur, meinem Einsatzort im Sumpfgebiet des Benue-River, eines Nebenflusses des Niger. Der Benue-River ist nicht reguliert, und so ändert er jedes Jahr in der Regenzeit seinen Lauf und läßt die Wasser vom Vorjahr als Sümpfe zurück. Die ganze Landschaft Muri ist daher mit Malaria und anderen Tropenkrankheiten unvorstellbar verseucht und wird »das Grab des weißen Mannes« genannt, obwohl die einheimische Bevölkerung natürlich genauso daran zugrunde geht. Auf dem Krankenhausgelände ist ein eigener kleiner Friedhof für die Missionsarbeiter und Missionare, die hier ihr Leben gelassen haben. Das Krankenhaus ist terrassenförmig an einem steilen Hang erbaut, weil in der Höhe natürlich weniger Moskitoschwärme sind als unten im Tal. Es besteht aus mehreren sogenannten Bettenhäusern, jedes mit 20 Betten, in denen die Patienten liegen, dann noch einigen Gebäuden für die Operations- und die Entbindungsabteilung und für die Verwaltung. Alles wurde von der amerikanischen Methodistenkirche erbaut, und an jedem Gebäude, ja sogar an jedem einzelnen Bett ist ein Täfelchen mit dem Namen des Stifters angebracht; das ist in USA so üblich. Die großen Krankensäle sind nach meiner vieljährigen Erfahrung im Missionsdienst sehr ungünstig, weil man auf diese Weise gezwungen ist, »saubere« (aseptische) und »schmutzige« (septische, d. h. eitrige) Fälle zusammenzulegen und weil deshalb die Primärheilung frischoperierter Patienten sehr in Frage gestellt wird. Doch – ich bin ein wenig vorausgeeilt.

Als unser kleines Flugzeug auf dem Krankenhauslandeplatz ausgerollt ist, steht das ganze Personal zum Empfang bereit und winkt mit Tüchern: Afrikaner, Amerikaner und Europäer in schönster Harmonie. Trotz des mehrmaligen Umsteigens war mein Flug so planmäßig verlaufen, daß ich vierundzwanzig Stunden nach der Abfahrt aus meinem Heimatdorf Ittersbach bereits im Operationssaal stand und – wie üblich – einen Kaiserschnitt zu machen hatte!

Um die nun folgende Schilderung dieser Operation begreiflich zu machen, muß ich etwas über die Verhältnisse im Land Nigeria sagen. Das Krankenhaus lag zwar nicht im unmittelbaren Kriegsgebiet, aber doch waren die Folgen der jahrelangen Selbstzerfleischung überall zu sehen und zu spüren. Es herrschte eine latente Hungersnot, es mangelte an den notwendigsten Dingen des täglichen Lebens und – für den Krankenhausbetrieb besonders folgenschwer – am Nachschub von Medikamenten und Geräten zur Versorgung der Kranken.

Der Krieg hatte als Stammesfehde zwischen den Ibo und den Haussa begonnen. Die Ibo, an der Küste im Süden lebend, waren schon am Beginn der christlichen Missionierung Afrikas Christen geworden. Die Haussa, im nördlichen Gebirgsland lebend, waren vom Norden aus zum Islam bekehrt worden. Die christlichen Missionare hatten es immer als ihre erste Pflicht angesehen, Schulen zu gründen, um die Menschen im Lesen und Schreiben zu unterrichten, damit sie die Bibel in ihrer eigenen Sprache lesen konnten. So war im Ibo-Gebiet das Analphabetentum bald verschwunden, und der Ibo-Stamm erwarb sich einen viel höheren zivilisatorischen Stand als die anderen Stämme, die Haussa eingeschlossen. Zwar hatten auch die Haussa Schulen, Koranschulen, aber nach dem Willen Mohammeds soll der Koran gar nicht in andere Sprachen übersetzt, sondern in arabisch auswendig gelernt werden. Bald hatten die Ibo alle Beamtenstellen in Regierung und Verwaltung inne, und zwar bis in den Norden an die Grenzen des großen Landes. Die Haussa bekamen die Vorherrschaft der Ibo satt, und da sie ein viel größerer, mächtigerer Stamm waren als die Ibo, setzten sie diese ab und drängten sie zurück in ihre eigenen Stammesgebiete. Hierauf beschlossen die Ibo, einen eigenen Staat, Biafra mit Namen, zu gründen. Hier hätten sie gut leben können, denn das Land war fruchtbar, es gab reiche Bodenschätze und außerdem Ölvorkommen. Dadurch wäre jedoch Nigeria seines größten Reichtums beraubt gewesen, der volkreichste Staat ganz Afrikas hätte vor dem Ruin gestanden. Das aber konnten die

zweihundert Stämme Nigerias nicht zulassen. Der Bruderkrieg brach aus, und wir wissen, wie er geendet hat: mit der Vernichtung Biafras und der Unterjochung der Ibo.
Und nun zurück zu meinem Kaiserschnitt. Am Krankenhaus waren drei deutsche Missionsschwestern tätig. Eine war die Oberschwester und organisierte den Betrieb, eine war Hebamme, und die dritte hatte den Operationssaal und die Apotheke unter sich.
Ich wollte eben darangehen, mich für die Operation steril zu waschen, und drehte den Wasserhahn auf: kein Wasser! Man klärte mich auf, der Pumpenmotor sei schon lange außer Betrieb, und es gebe niemanden, der ihn reparieren könne. So stand einer der jungen afrikanischen Pfleger mit einem Milchtopf voll Wasser bereit, um mir das kostbare Naß über Hände und Arme zu träufeln. Wo aber kam das Wasser her, wenn die Pumpe nicht funktionierte? »Da, sehen Sie zum Fenster hinaus«, meinte die OP-Schwester. Eine lange Kolonne von Trägerinnen trug das Wasser in Eimern oder Tonkrügen auf dem Kopf vom Fluß im Tal den Berg herauf zum Krankenhaus, pausenlos, den ganzen lieben langen Tag!
Ein zweiter Pfleger stand neben mir und wurde von dem Wasserträufler auf die gleiche Weise bedient. Er sei mein Operationshelfer, sagte man mir. »Wie? Nur ein einziger Helfer? Es laufen doch so viele Leute hier herum! Und da soll ich mit nur einem Helfer operieren?«
»Ja. Unser Sterilisator ist auch außer Betrieb. Wir müssen die Wäsche und die Instrumente in einem Dampfkochtopf auf offenem Feuer sterilisieren, und da kämen wir nie nach, wenn wir mehr als zwei Personen für eine Operation einsetzen würden.«
Nach dem Waschen zogen wir uns die sterile Wäsche über, und siehe da, sie war schön braun-weiß gezeichnet! Überall an den Faltstellen hatte sie den Dampfkochtopf berührt und war verbrannt, mürbe wie Zunder!
»Wer macht Narkose?«
»Der Narkoseapparat ist ebenfalls kaputt. Wir machen alle

Operationen, wenn es irgend geht, in Lumbal- oder Lokalanästhesie.«

Ich hatte vor ungefähr zwanzig Jahren meine letzte Lumbalanästhesie gemacht. Damals war sie bei uns so gut wie aufgegeben worden, um erst viel später wieder neu eingeführt zu werden. Aber ich mußte es versuchen, denn es war sonst niemand da, der sie hätte machen können.

»Bitte Licht!«

»Entschuldigen Sie, die Lichtmaschine funktioniert schon lange nicht mehr, Sie müssen versuchen, mit Tageslicht zu operieren.«

Die Patientin hatte ihre Rückenmarksnarkose und war steril abgedeckt, die Operation konnte beginnen.

»Ist der Saugapparat bereit?«

»Der kann nur mit Strom bedient werden, und den gibt es ja nicht.«

»Es gibt aber doch auch eine Fußpumpe für den Ernstfall?«

»Ja, aber die ist nicht mehr dicht und saugt nicht.«

Ich schneide den Bauch auf. »Bitte die Bauchsperrer!«

»Die haben wir nicht, der Junge muß mit den Händen den Bauch aufhalten.«

»Und wie soll er dabei noch assistieren und instrumentieren können?«

»Die Instrumente legen wir Ihnen alle auf die Stumme Schwester (ein kleines Beistelltischchen, das über den Patienten geschoben wird), und Sie müssen sich selbst bedienen mit allem, was Sie brauchen.«

Der Bauch ist offen. »Bitte die Geburtszange.«

»Die gibt es zwar, aber sie ist zu lang für den Dampfkochtopf, daher können wir sie nicht sterilisieren.«

Ich lasse also den schwarzen Helfer mit seinem Unterarm von oben kräftig drücken und hebele das Kind mit der Hand heraus. Als auch die Nachgeburt heraus ist – ohne Oxytocinspritze, da es die aus Mangel an Nachschub auch nicht mehr gibt –, geht es ans Zunähen. Und nun beginnt die Hauptschwierigkeit. Mit Einzelnähten kann ich nicht nähen, da es

viel zu lange dauern würde, bis ich jede Nadel selber einzeln eingefädelt hätte. Daher werden nur fortlaufende Fäden benützt, die fertig verpackt in Briefchen auf der Stummen Schwester liegen. Um damit aber die Gebärmutter blutstillend zu vernähen, ist es notwendig, daß der Assistent nach jedem Stich den Faden ganz straff anzieht, sonst geht die ganze Naht wieder auf, und es blutet weiter. Wie soll er das aber können, da er doch nur zwei Hände hat und diese zum Aufhalten des Bauches braucht, zumal die Patientin fortwährend die Därme herauspreßt, weil sie ja nicht narkotisiert und entspannt ist? Mein junger Helfer hat gerade genug damit zu tun, sie mir aus dem Weg und aus der Sicht zu halten, damit ich weiternähen kann.
Wie ich es schließlich fertiggebracht habe, diese Operation erfolgreich zu beenden, weiß ich selber nicht. Nicht einmal im südamerikanischen Busch habe ich so improvisieren müssen. Im entscheidenden Moment, als ich schon verzagen wollte, fiel mir ein, was meine Mutter zu mir sagte, als ich ihr mein neuerworbenes Chirurgendiplom voller Stolz vorzeigte: »Vergiß nur nie: Der Chirurg ist der liebe Gott selber, du bist immer nur sein Assistent, solange du lebst.«
Nachdem die Patientin aus dem Operationssaal geschoben war und in ihrem Bett lag, sagte ich zu der Schwester: »Was ihr hier braucht, ist kein Chirurg, sondern ein Mechaniker.«
»Ja, das wissen wir nur zu gut«, meinte sie, »aber woher sollen wir so einen Tausendkünstler nehmen, der alles reparieren kann, was hier kaputt ist?«
»Ich kenne einen, und wenn ich wieder daheim bin und ihn ausfindig machen kann, dann schicke ich ihn, das verspreche ich Ihnen.« Es war unser Helmut Rauch, der mit uns in Arabien gewesen war. Er hatte es sich zur Aufgabe gemacht, wo immer man ihn brauchte in der Welt hinzugehen und alles zu reparieren, wofür er meistens drei Monate an einem Ort blieb. Es galt also nur herauszufinden, wo er sich gerade aufhielt; gehen würde er bestimmt, dessen war ich mir sicher. Ich

machte mich also daran, eine Liste anzufertigen mit allen Geräten und Instrumenten, die entweder repariert oder ersetzt werden mußten. Bei dieser Bestandsaufnahme fiel mir auf, daß viele Dinge als Spenden gekommen waren, ausrangiertes Zeug, in USA oder Deutschland unbrauchbar geworden, aber die Spender hatten sich wohl gedacht: »Ach, für ein Buschkrankenhaus ist es sicher noch gut genug.« An den Chirurgen, der damit arbeiten mußte, hatten sie nicht gedacht. Was also rostig oder sonstwie unbrauchbar war, warf ich gleich fort, damit die Schränke leer wurden für Neues.

Mein Vater pflegte früher immer zu sagen: »Der Mensch ist ein Gewohnheitstier und gewöhnt sich an alles.« So habe ich denn auch in den vier Wochen meines Ferieneinsatzes tagaus, tagein operiert, große und kleine, schwierige und einfache Operationen, und trotz der fehlenden Hilfsmittel und der Primitivität ging alles gut.

Der junge amerikanische Arzt, der sich, nachdem der zweite Arzt weggegangen war, an dem großen Krankenhaus bis zur völligen Erschöpfung hatte durchschlagen müssen und zusammengebrochen war (weswegen der Hilferuf an mich ergangen war), erholte sich langsam wieder und konnte mir helfen. Er war nur noch Haut und Knochen, und mir fiel das Wort vom »Grab des weißen Mannes« ein, das beinahe auch sein Grab geworden wäre.

Da es an fast allen afrikanischen Krankenhäusern keine Küche gibt, müssen die Patienten von ihren Angehörigen verpflegt werden, und das Personal, ob schwarz oder weiß, muß sich auch selber versorgen. Für einen Lückenbüßer wie mich wäre das freilich ein Problem gewesen, wenn mich nicht die Frau des jungen amerikanischen Arztes in Verpflegung genommen hätte. Beide waren ganz reizende Leute mit zwei kleinen rothaarigen Buben, und wir schreiben uns heute, nach mehr als zwanzig Jahren, immer noch gelegentlich. Aufgefallen ist mir, daß die Amerikaner gar nicht den Versuch machen, sich von den Landesprodukten zu ernähren. Sie nehmen, wenn sie aufs Missionsfeld gehen, tonnenweise Konserven aus den USA mit und leben meistens aus Dosen. Verwundert fragte ich einmal, warum sie denn keine Kassava oder Bataten äßen, und bekam zur Antwort: »Oh, kann ein Weißer das auch essen? Das haben wir gar nicht gewußt und noch nie probiert.« Ich machte mich des Abends also daran, die einheimischen Feldfrüchte, die es ja überall in den Tropen, auch in Südamerika, gibt, zu kochen und davon Bratkartoffeln, Kartoffelsalat, Kartoffelbrei, Pommes frites und was noch alles zu fabrizieren, und siehe da, es schmeckte ihnen!

Außer meiner operativen Tätigkeit gab es in diesem Krankenhaus noch viele organisatorische Aufgaben. In einer Konferenz, an der der Arzt, die deutschen Schwestern und das afrikanische Pflegepersonal – ausschließlich Männer, »Dispenser« genannt – teilnahmen, erklärte ich ihnen, wie verhängnisvoll diese großen Krankensäle seien, in denen aseptische und eitrige Fälle wahllos durcheinanderlagen. »Wie sollen wir das ändern?« hieß es. »Wir können nicht in einem Bettenhaus, ob sauber oder schmutzig, Männer und Frauen unterbringen. Außerdem haben wir einmal mehr, einmal weniger von der einen oder anderen Sorte, aber wir können es uns nicht leisten, Betten leerstehen zu lassen, da wir ohnedies immer zu wenig haben.«

»Diese Häuser haben doch alle zwei Eingänge«, sagte ich, »also brauchen wir doch nur eine dünne Wand in der Mitte des Saales einzuziehen, und schon haben wir unterteilt in Männer und Frauen oder in septische und aseptische Fälle.«

Gesagt, getan. In kürzester Zeit waren die Wände eingezogen, und wir hatten alles »comme il faut«.

Ein weiterer Punkt waren die Angehörigen. In Afrika ist es üblich, daß jeder Patient mindestens von drei Verwandten begleitet wird. Einer pflegt den Patienten (wieso nicht der Krankenpfleger, wird man fragen; der ist aber lediglich dazu da, die ärztlichen Verordnungen durchzuführen und Medikamente auszuteilen, daher auch seine Berufsbezeichnung »Dispenser«, Verteiler), einer sucht draußen irgendwo etwas

zu essen, ein dritter sammelt Feuerholz zum Kochen. Alle diese Verwandten sitzen und schlafen im Krankensaal, so daß bei einer Patientenzahl von 20 gut und gern 60 Angehörige drin sind, und die weichen nicht von der Stelle, wenn der Arzt kommt, denn sie wollen sehen, was gemacht wird. Der Saal ist so voll, daß man über die Menschen hinwegsteigen muß, und so ist es fast unmöglich, einen Patienten zu untersuchen oder irgendeine Verrichtung wie Verbandwechsel oder dergleichen an ihm vorzunehmen. »Das muß abgestellt werden«, sagte ich, »das ist einfach kein Zustand.«
»Aber das ist hier immer so gewesen und wird sich auch nicht ändern lassen«, hieß es.
»Dann wollen wir einmal sehen, ob es sich jetzt nicht ändern läßt, mindestens solange ich da bin.«
Ich wies das Personal an, den Leuten zu erklären, sobald der Doktor komme, hätten alle Besucher den Saal zu verlassen. Bei Beginn der Morgenvisite läutete also eine Glocke, und die Menschenmassen verließen fluchtartig die Krankensäle. Wenn noch ein paar Unentwegte drinblieben, stellte ich mich an den Eingang und machte Armbewegungen wie ein Verkehrspolizist, und auch die paar Hartnäckigen verschwanden widerspruchslos. So war es ein viel reibungsloseres Arbeiten. Die Afrikaner legten mir daraufhin einen Spitznamen zu: Mister hunderttausend Volt!
Um 7 Uhr früh war in der Wartehalle des Ambulanzgebäudes Andacht, an der nicht nur das gesamte Personal, sondern auch die nichtbettlägerigen Patienten teilnahmen; anschließend fand die Dienstübergabe vom Nacht- an den Tagdienst statt. Die Andacht wurde nicht etwa von einem Missionar oder eingeborenen Pastor gehalten, sondern vom Personal, wobei jeder an die Reihe kam, von der einfachsten Putzfrau bis zur Oberschwester und zum Arzt. Der Dispenser vom Nachtdienst gab dann seinen Report, und eines Morgens leierte er sein Sprüchlein herunter: »Um 12 Uhr wurde ein schwerer Malariafall eingeliefert, um 2 Uhr ein akuter Blinddarm, um 3 Uhr ein eingeklemmter Bruch, um 4 Uhr wurde

ein männliches Kind geboren, sein Name ist Dr. Dollinger (ausgesprochen: Darlintscher).« Alles lachte, ich gab dem Baby ein Geschenk und glaubte, damit sei der Spaß erledigt. Aber viele Jahre später sagte mir in Berlin eine Missionsschwester, die an diesem Krankenhaus gearbeitet hatte, als sie meinen Namen hörte: »Ach, da läuft ein fünfzehnjähriger Junge herum mit Namen Dr. Dollinger!« Alle Umstehenden lachten, und ich sagte: »Der ist aber geboren, *während* ich dort war, *nicht* neun Monate *später*!«
Mit dem amerikanischen Arzt hatte ich eine Besprechung über die Präventivmedizin (Vorbeugung). »So ein Krankenhaus im Busch ist gewiß segensreich und gut und schön«, sagte ich, »aber die breiten Massen der Bevölkerung leiden ja mehr unter den fürchterlichen Tropenkrankheiten wie Malaria, Onchocercose, Bilharzia, Hakenwurm usw. Was nützt es, einem einzelnen durch eine Operation vielleicht das Leben zu retten, wenn Hunderte, ja Tausende an Seuchen zugrunde gehen?« Ich erzählte ihm, wie wir in Südamerika vorgegangen waren: Jahr für Jahr machten wir eine breit angelegte Gesundheitskampagne. Wir fuhren in die Dörfer, hielten Gesundheitsbelehrungen ab und führten Blut- und Stuhluntersuchungen bei vielen hundert Menschen durch. »So etwas müßtet ihr hier in diesem verseuchten Gebiet machen«, und ich erklärte ihm den ganzen organisatorischen Aufbau. Er war auch sofort Feuer und Flamme für die Idee, aber er traute sich nicht, sie allein durchzuführen, und bat mich, ob ich im nächsten Jahr nicht kommen und zusammen mit ihm den Start machen könne. Das versprach ich ihm.
Wieder zu Hause in Deutschland, suchte und fand ich den »Allround-Mechaniker« Helmut, der Motoren, Lichtmaschinen, Pumpen, Wasserleitungen, medizinische Geräte und Instrumente reparieren oder neu installieren kann. Von einigen Firmen ließ ich mir Kostenvoranschläge kommen. Unser Missionsdirektor organisierte für mich Vorträge in den Gemeinden, die ich dann an meinem Feierabend besuchte, so weit man eben mit dem Auto an einem Abend hin- und zu-

rückkam. In wenigen Wochen war das erforderliche Kapital zusammengespendet, die Geräte wurden angeschafft, unser Helmut besorgte das Visum für Nigeria, und los ging's! Helmut packte alles in seinen VW-Bus, den er sich selber als Wohnmobil zurechtgebaut hatte, und zog damit quer durch die Sahara bis nach Nigeria in jenes Buschkrankenhaus. Binnen drei Monaten setzte er das ganze heruntergekommene Krankenhaus instand. Sein Arbeitsfeld ist die ganze Welt, und wir nannten ihn im Spaß unseren Missionszigeuner.
Als ich dann im Jahr darauf wieder nach Bambur kam, war alles tadellos im Schuß. Die beiden inzwischen angekommenen neuen Ärzte, ein amerikanisches Ehepaar, hatten keine Ahnung, wie man da vor ihrer Ankunft hatte improvisieren müssen. Die deutschen Schwestern meinten, ich hätte recht gehabt, ein Mechaniker sei nötiger gewesen als ein Chirurg.

Ein Einsatz in Afghanistan
Margot Richter

Der Anruf platzte in eine normale, volle Sprechstunde. Ich wollte nicht rangehen. Wenn mich jemand sprechen will und seinen Namen nicht nennt, ist es meist ein selbstloser Mensch, der mein Geld mit riesigen Renditen anlegen will. Aber der Anrufer ließ nicht locker, und ich ging an den Apparat. »Hier ist das Hammer Forum«, sagte eine Männerstimme, die Garry gehörte, den ich eine Woche später kennenlernen sollte. »Sie kennen unseren Verein sicher nicht. Wir haben Ihre Adresse vom Komitee Ärzte für die Dritte Welt.« Da wurde ich sehr hellhörig.
1989 und 1992 war ich mit diesem Komitee zu Kurzeinsätzen von jeweils sechs Wochen in Manila auf den Philippinen und in Cali/Kolumbien gewesen. Dort machen wir sogenannte Armutsmedizin, d. h. wir behandeln die Ärmsten der Armen, die sich keinen Arzt leisten können, unentgeltlich. Als ich von dem Komitee gehört hatte, konnte ich fast an nichts anderes

mehr denken, nahm sofort Verbindung auf und fuhr zu einem Einführungstreffen.
Die Kontakte mit der sogenannten Dritten Welt haben mein Leben unendlich bereichert. Wenn mich die Leute bewundern, weil ich meinen Urlaub »opfere«, um in der Dritten Welt zu arbeiten, und sogar noch etwas draufzahlen muß, dann kann ich immer gar nicht richtig erklären, daß es für mich keineswegs ein Opfer ist. Nie lebe ich so intensiv wie dort, wenn ich mich auf fremde Menschen, Sprachen, Rassen, klimatische Verhältnisse, Gewohnheiten und auf eine sehr primitive Medizin einstellen muß. Das Komitee hatte einmal bei allen Mitgliedern angefragt, ob sich jemand auf so eine Art »Feuerwehrliste« setzen lassen würde, d. h. daß man schnell einmal einspringt, wenn jemand ausfällt oder krank geworden ist. In diese Liste hatte ich mich eintragen lassen, und einige Wochen später kam der Anruf vom Hammer Forum, das händeringend schnell einen Arzt brauchte.
Das Hammer Forum hat sich nach dem Golfkrieg konstituiert, um Kindern aus Kriegs- und Krisengebieten zu helfen. Der Gründer ist Dr. Klaus Helling von einer Schmerzklinik in Hamm. Als der Golfkrieg tobte und er im Rundfunk hörte, daß in Frankfurt Klinikbetten für verwundete Soldaten bereitgestellt würden, fragte er sich: Und was wird aus der Zivilbevölkerung? So gründete er das Hammer Forum. Sein Ziel ist es, verletzte Kinder, die in ihren Heimatländern nicht ausreichend versorgt werden können, zur weiteren Behandlung nach Deutschland zu bringen. Es ist vertraglich verankert, daß alle Kinder wieder in ihre Heimat zurückgebracht werden. Der Verein lebt nur von Spenden. Auf diese Weise wird den Gegnern solcher Vereine der Wind aus den Segeln genommen, wenn sie sagen: »Alles von unseren Steuergeldern, und der Flüchtlingsstrom wird vergrößert!« Ab dem 16. Lebensjahr dürfen Ausländer Asylantrag stellen; deswegen liegt die Altersgrenze für die Kinder bei 15 Jahren. Klaus Helling war im Iran und im Irak, in Bosnien, Afghanistan und jetzt in Pakistan.

Als Garry anrief, hatte ich erst einige Bedenken. Als Kinderärztin habe ich mit Unfallchirurgie nichts und mit orthopädischen Problemen fast nichts zu tun. Aber das wurde nicht als Hinderungsgrund angesehen; er faxte den Visumantrag durch. Ich kriegte kaum noch Luft: Pakistan, Afghanistan, Kyberpaß, Kabul, Islamabad, Hindukusch – alles schwirrte wirr durch meinen Kopf.

Eine Woche später flogen wir von Frankfurt nach Islamabad in Pakistan und dann weiter nach Peshawar. Wir wollten verletzte Kinder aus Afghanistan nach Deutschland bringen. Nach Kabul selbst konnte man zu dieser Zeit nicht reisen, weil heftig gekämpft wurde. In einer ruhigen Minute hatte Union Aid, die afghanische Flüchtlingshilfe, 60 Kinder von Kabul nach Peshawar gebracht. Die wollten wir untersuchen und alle, die in Deutschland besser behandelt werden konnten, mitnehmen. Klaus Helling und seine Mitarbeiter hatten mit viel Geduld, Überredungskunst, Bitten und Betteln in verschiedenen Kliniken in der Bundesrepublik sogenannte »humanitäre Betten« erwirkt, wo die verletzten Kinder und Jugendlichen kostenlos behandelt werden sollten. Den Ärzten und Schwestern dieser Kliniken gilt besonderer Dank, da sie kostenlos arbeiten, also auf Überstundengeld usw. verzichten. Etwa 70 % der Krankenhauskosten sind Personalkosten, nur 25–30 % sind Sachkosten.

Fünfzehn der schwerverletzten Kinder waren in einer Klinik von Union Aid untergebracht, die anderen befanden sich in einem Hotel, das unser Verein zur Hälfte gemietet hatte. Das hört sich alles sehr einfach und komfortabel an, aber wie war die Wirklichkeit! Wir waren über 24 Stunden auf den Beinen und hatten schon länger nichts gegessen, dazu kam das heiße Klima, Staub, Abgase, Verkehrsgewühl, zwischendurch rief der Muezzin zum Gebet (vom Band!) – kurz: ein Kultur- bzw. Zivilisationsschock par excellence. Nur so kann ich mich vor anderen und vor mir selbst dafür entschuldigen, daß ich, als wir ins Afghan Trauma Center (ATC) kamen, gleich im ersten Krankenzimmer die Fassung verlor. Das sollte einem Arzt nicht passieren, und eigentlich ist man ja durch jahrelang geübte Selbstdisziplin trainiert genug, nach außen hin die Fassade zu bewahren. Aber was ich dort gesehen habe, trieb mir die Tränen in die Augen. Zum Glück hatte ich eine Sonnenbrille dabei, hinter der ich mich verstecken konnte. Da lagen diese schönen jungen Menschen auf ihren Betten, mit Ernst und Haltung; sie verzogen keine Miene, als man ihnen die Verbände abnahm, damit wir ihre Verstümmelungen und vereiterten Wunden begutachten konnten, diese jungen Menschen mit fehlenden Gliedmaßen, ein Bein, beide Beine ab, Arm und Bein ab, Auge raus, Pulverschmauchverletzungen im Gesicht. Minen, Bomben, Raketen machten aus diesen Kindern Krüppel fürs Leben. Noch nie hatte ich als Kinderärztin so viele Schwerstverletzte auf einmal gesehen. Alle waren schon mehrfach operiert, was in diesen Fällen heißt: amputiert. Wenn die Stümpfe gut verheilt waren, blieben die Kinder hier, denn die prothetische Versorgung sei hier gut – man hat ja in den letzten Jahren viel Erfahrung damit sammeln können. Nach Deutschland sollten die Kinder kommen, deren Stümpfe eiterten, die also eine chronische oder subakute Knochenmarksentzündung hatten. Es bedarf einer engen Zusammenarbeit zwischen Chirurgen und Labormedizinern, um die richtigen Antibiotika – zum Teil innerlich, zum Teil als Antibiotikaketten lokal – einzusetzen, um die Entzündung zur Ausheilung zu bringen und weitere Amputationen zu verhindern. Es ist ja ein fundamentaler Unterschied, ob jemand noch ein Bein hat oder keins mehr. Ich denke oft an jenen kleinen dreijährigen Buben, dem es beide Beine weggefetzt hatte, das rechte so hoch an der Leiste, daß man überhaupt keine Prothese anbringen konnte, das linke in der Mitte des Oberschenkels. Er rutschte immer auf seinem Hinterteil hinter den anderen her, weil er ja auch dabeisein wollte; man mußte aufpassen, daß man nicht aus Versehen auf ihn trat. Beide Stümpfe waren gut verheilt, er war also kein »Fall« für Deutschland. Ein etwa zwölfjähriger Junge war von oben bis unten verbunden, einschließlich Kopf. Er konnte nur auf dem Bauch liegen und verfolgte uns mit wachen Augen, die ich nie vergessen werde. Ihm hatte es den ganzen Kopf, den Rücken und die Beine verbrannt, auch den Schließmuskel des Afters. Ich weigere mich, mir vorzustellen, was für bestialische Schmerzen er gehabt haben muß, sowohl bei dem Unfall als auch bei den vielen Verbandwechseln.

Später fuhren wir zu dem Hotel, das an der Peripherie von Peshawar liegt. Dort wuselten die gehfähigen Kinder um uns herum, keiner beaufsichtigte sie. Einschuß hinter dem linken Ohr, Austritt rechts, offenbar hat es sich um ein Dum-Dum-Geschoß gehandelt. Der Junge kann den Mund kaum öffnen, er näselt stark, sicher ist der Gaumen auch kaputt. Einer hat eine Kugel an die Nasenwurzel bekommen, sein Gesicht ist zu einer Fratze verzerrt, man kann durch das schlecht verheilte Loch in die Stirnhöhle sehen, die Augen stehen schief. Später sehe ich ein Paßfoto von ihm, aufgenommen vor der Verletzung: Es zeigt einen hübschen jungen Mann mit selbstbewußtem Blick, erster Flaum über der Oberlippe. Jetzt dreht man sich am liebsten weg, wenn er sein Pflaster abmacht. Ein anderer ist ebenfalls durch ein Dum-Dum-Geschoß verletzt worden, Einschuß am Steißbein, Austritt über dem Schambein, der Unterbauch ist total zerfetzt. In dem Beutel am künstlichen Ausgang sammeln sich Blut und Stuhl, aus dem After fließt der Urin. Wie so oft bin ich fassungslos und erstaunt, daß es nicht zu aufsteigenden Infektionen kommt. Und immer wieder: fehlende Extremitäten, blinde Augen, zertrümmerte Becken. Dazwischen läuft ein blitzeblaues Kind herum, das an einem komplizierten Herzfehler leidet. Beide Eltern sind tot. Es ist kein »Fall« für Deutschland, weil es nicht endgültig geheilt werden kann. Zwei Buben haben Krebs, einer im hinteren Nasen-Rachenraum – seine linke Wange ist durch das rasante Wachstum jeden Tag etwas weiter vorgewölbt –, der andere hat ein Sarkom am linken Oberarm. Später versuche ich, sie in einer hiesigen Klinik unterzubringen, aber man vertröstet mich, und ich muß unverrichteter Dinge eines Tages nach Deutschland zurück.

Was tut man bei soviel Leid? Man arbeitet. Ich hatte für alle Fälle Verbandszeug aus Stuttgart mitgebracht, das tat hier sehr gute Dienste. Jetzt tauchte ein Problem auf, das wir vorher nicht hatten: die Verständigung. Bisher hatten wir Mitarbeiter von Union Aid, die entweder deutsch oder englisch konnten. Die Kinder sprechen nur Urdu oder Paschtu. Mit europäischen Fremdsprachen kam man nicht weiter. Nun hatten wir auf unserem Flug von Deutschland fünf afghanische Kinder mitgebracht, die zum großen Teil schon »geheilt« waren (sie gingen teilweise noch an Stöcken, aber die Entzündungen waren zum Stillstand gekommen), und die konnten ja etwas deutsch. Mein Dolmetscher war Massud, ein fünfzehnjähriger Junge aus Kabul, der zu den nicht geheilten gehörte. Er litt an einem inoperablen, bösartigen Tumor hinter dem rechten Auge; die genaue Diagnose war erst in Deutschland gestellt worden. Er wußte gut, wie es um ihn stand. »Alle sind gesund zurückgekommen, nur ich muß sterben.« Damit hatte er leider recht, aber Mitleid brachte ihn auch nicht weiter. Er wurde mein Hauptassistent. Wir verbanden täglich die eiternden Stümpfe, wobei es mir jedesmal das Herz brechen wollte, aber Massud ging es täglich besser.

Diese fünf zurückgekehrten Kinder konnten nicht in ihre Heimatorte zurückgebracht werden, weil die Kämpfe es nicht zuließen. Nun waren sie erneut entwurzelt. Zuerst waren sie von Kabul nach Deutschland gekommen, dort waren sie in Kliniken und später in Gastfamilien gewesen; jetzt waren sie in Peshawar, wollten nach Hause zurück und konnten nicht. In Deutschland war es ihnen allen sehr gut gegangen.

Sharifa zum Beispiel, acht Jahre alt, hatte offenbar mit ihren Gasteltern Deutschland bereist. Auf dem Flug von Frankfurt nach Islamabad sahen wir einmal gemeinsam aus dem Fenster auf eine Wolkenformation, und sie sagte: »Da unten ist Norderney, nein, Oberstdorf.« Sie kann weder lesen noch schreiben. In Afghanistan gibt es 80 % Analphabeten, in Pakistan 70 %. Sharifa klagte als einzige: »Alles so schmutzig,

Waschbecken verstopft, kein Klopapier.« Das stimmte auch; das Hotel sah so aus, wie ein Gebäude aussieht, in dem 45 Kinder durcheinanderwuseln und sich kein Erwachsener verantwortlich fühlt, außer für Essen und Schlafen.

Der Kreis der Patienten, die mit nach Deutschland sollten, wurde immer enger gezogen. Garry und Klaus faxten die verschiedenen Kliniken an, welches Kind am geeignetsten wäre. Es konnten nicht alle mit; aber alle wollen mit. Sie machen mit den Händen die Bewegung des Fliegens. Ihre ängstlichen, hoffenden Augen strahlen beim »Ja« langsam auf, beim »Nein« wird keine Miene verzogen, aber die Pupillen verändern sich; sie drehen den Kopf zur Seite, um ihre aufsteigenden Tränen zu verbergen. Das ist das Schlimmste an diesem ganzen Einsatz, daß man nicht allen helfen kann. Außerdem glaube ich, daß die Hoffnungen der verletzten Kinder, die mit nach Deutschland kommen, zu groß sind. Auch hier kann man die abgerissenen Extremitäten nicht nachwachsen lassen, auch wir können den Blinden ihr Augenlicht nicht wiedergeben.

Den schier unendlichen Ärger mit Paß- und Visumschwierigkeiten fochten die Männer durch. Dann war der Tag der Abreise gekommen. Wir hatten eine alte Fokker gemietet, um die Kinder nach Islamabad zu bringen. Wir drei Frauen – die Ärztin Gitti, die Journalistin Anja und ich – sollten die Kinder begleiten; die Männer wollten vorausfliegen, um die letzten Probleme mit der Fluggesellschaft auszuräumen. Das Einchecken der Kinder war viel schwieriger als erwartet. Einige konnten nur liegend transportiert werden. Wir machten jeweils drei Sitze hintereinander zu Liegesitzen und legten die Patienten darauf. Da wir sie so nicht anschnallen konnten, mußten wir sie festhalten, damit sie vor allem bei der Landung nicht hinunterrutschten. Das kleine Flugzeug war rappelvoll. Die Crew war sehr nett; als sie hörte, worum es sich handelte, versprach sie, bei künftigen Flügen auf die Bezahlung zu verzichten. Wieder einmal hat es mich erstaunt, wie wenig die Einheimischen oft von den Leiden im eigenen Land wissen. Wenn sie einer anderen Schicht angehören, haben sie oft keine Ahnung, was sich in den Slums abspielt. Das ist mir sowohl in Manila als auch in Cali aufgefallen.

In Islamabad dauert das Einchecken in den Jumbo etwa zwei Stunden. Wir haben zwölf Sitze mehr gebucht als wir Personen sind, weil einige Kinder liegen müssen. Dazu gehört auch der Bub mit dem verbrannten Rücken und der, den wir den »Götterknaben« nennen: Ein solches Ebenmaß von Gesicht und Körper gibt es selten, aber nun ist ein Bein ganz ab, das andere halb und mit einer sehr schweren Osteomyelitis behaftet, die man vielleicht doch nicht in den Griff bekommt, und dazu hat er noch einen schwer osteomyelitischen Arm. Keiner klagt oder stöhnt, wenn er hin- und hergetragen und geschoben wird, nur ein kleines Würmchen neben mir weint die ganze Zeit, bis Schmerz- und Beruhigungsmittel es gnädig einschlummern lassen. Es ist acht Jahre alt, aber klein und dünn, so daß ich es für jünger hielt; beide Beine sind ab, die Finger der linken Hand zerstört, das linke Auge ist blind, das Gesicht durch Pulverschmauch verunstaltet.

Der Rückflug wurde zum Horrortrip. Wir waren mit drei Stunden Verspätung gestartet, und dann dauerte es noch einmal zwei Stunden, bis es etwas zu essen gab. Da war es mittlerweile 4 Uhr morgens, und das Letzte, was die Kinder bekommen hatten, war ein kleines Frühstück gewesen. Der Steward ließ sich nicht erweichen, wenigstens ein paar Kekse herauszurücken. Mir war der Hunger vergangen, aber die Kinder sahen mich mit großen Augen an und machten Bewegungen des Essens. Bei den Großen löste die Verteilung von Kopfhörern wenigstens ein kurzes Entzücken aus. Als es endlich Essen gab, schoben es die meisten wieder weg: ein farbloses Sandwich ohne Kruste, eine kleine Fleischpastete, ein Stückchen Thunfisch und ein Stück Kuchen – alles war unbekannt, nichts Warmes, kein Reis, kein Fladenbrot.

Das Schlimmste war die Sprachlosigkeit. Ich hatte etwa zehn Kinder in meinem Blickfeld, für die ich mich verantwortlich fühlte. Wenn sie mich in ihrer Sprache irgend etwas fragten, konnte ich ihnen nur zulächeln und ihnen über den Kopf streichen. Zu den wenigen Worten in Urdu bzw. Paschtu – »danke« und »bitte«, »guten Tag« und »auf Wiedersehen« und »hast du Schmerzen? Wo?« kam ein wichtiger Satz hinzu: »Mußt du auf die Toilette?« Meine kleinen Dolmetscher waren ja in Peshawar geblieben; der Abschied von ihnen war mir sehr schwergefallen. Welche Zukunft haben sie vor sich?

Allmählich fing es im Flugzeug an, faulig zu stinken. Der Eiter durchdrang die Verbände, und wir mußten auf den engen Sitzen Verbandwechsel vornehmen. Bei vielen war der Mull schon festgeklebt; wieder gab es Schmerzen. Zu meiner großen Erleichterung beschwerte sich niemand von den anderen Passagieren; im Gegenteil, viele boten ihre Hilfe an. Einige haben sich später in Deutschland weiterhin um die kleinen Patienten gekümmert.

Zwischenlandung in Damaskus. Von der syrischen Wüste ist leider nichts zu sehen. Die Hitze im Flugzeug wird fast unerträglich. Endlich rollt es an, da kommt die Meldung: technischer Defekt. Alles muß noch einmal durchgecheckt werden. Unser Aufbruch von Peshawar liegt jetzt 24 Stunden zurück; wir sollten gerade in Frankfurt landen.

Irgendwann sind wir dann doch angekommen. Busse der Bundeswehr standen bereit, um die kleinen Patienten in die diversen Kliniken zu bringen. Wieder wurden sie auseinandergerissen, wieder stand ihnen eine ungewisse Zukunft bevor, wieder würde keiner ihre Sprache verstehen. Wieder machten sie mit der Hand das Siegeszeichen, aber es fiel mittlerweile etwas müde aus.

Ich verabschiedete mich stumm und mit Umarmungen von ihnen. Diesmal gestattete ich mir ganz bewußt, meine Gefühle zu zeigen. Ich würde sie nicht wiedersehen.

Nach Süddeutschland, wo ich arbeite, kam keines der Kinder. Ich denke oft an sie, aber ich kann mich nicht einmal beim Hammer Forum nach ihnen erkundigen, weil schon wieder andere Kinder hergeholt und verteilt wurden. Es sind

ja so viele, und es werden immer mehr. Im Rundfunk kommen neue Schreckensmeldungen aus Afghanistan: Bürgerkrieg, Raketen, Bomben, außerdem etwa 50 Millionen Minen im Land.
Trotzdem habe ich nicht das Gefühl, daß unser Einsatz umsonst war. Meine Patienteneltern und meine Freunde und Verwandten haben Verständnis für unsere Arbeit, nur eine reiche Mutter mit Einzelkind sagte das gefürchtete Wort von dem »Tropfen auf den heißen Stein«. Jeder Tropfen zählt, und die kleinen Menschen sind aus Fleisch und Blut und haben Wünsche und Hoffnungen, und ich habe sie alle im Arm gehalten.

Eine Missionssafari in Nigeria
Gerhard Dollinger

Safari heißt Reise, eine Reise in Afrika. Man macht Großwild- oder Fotosafaris und kann nachher daheim Leute einladen und ihnen Dias zeigen. Ich habe eine Missionssafari gemacht, von der ich hier berichten will.
Im Vorjahr hatte ich in Bambur in Nigeria am Krankenhaus einen Aushilfseinsatz gemacht und dort dem amerikanischen Arzt vorgeschlagen, sich mit Präventivmedizin (Vorbeugung) zu beschäftigen, um die grassierenden Seuchen, die alljährlich so viele Menschenleben fordern oder die Bevölkerung zum Siechtum verdammen, zu bekämpfen. Er hatte mich gebeten, doch noch einmal wiederzukommen und einen Start zu diesem Gesundheitsfeldzug mit ihm zu machen. Und nun war ich da.
Die großangelegte Aktion war nur vor Einsetzen der Regenzeit möglich, da bei den Sommerregen alle Wege überschwemmt und unpassierbar sind und man auch die Furten der Flüsse nicht überqueren kann. Ich hatte meinen Urlaub deshalb eigens vorverlegt, aber leider hatte bei meiner Ankunft die Regenzeit schon eingesetzt, früher als gewöhnlich. So war ich zunächst einige Tage am Krankenhaus in Bambur

festgehalten, bis sich das Wasser etwas verlaufen hatte und man durch die Sümpfe des Benue-River in das für unsere Kampagne vorgesehene Gebiet gelangen konnte.
Welch eine Freude war es für mich, das Krankenhaus, das ich im Vorjahr in einem so desolaten Zustand vorgefunden hatte, nun ordentlich und gut funktionierend zu sehen! Helmut, unser Allround-Mechaniker, den wir mit Ersatzteilen und neuen Geräten aus Deutschland hergeschickt hatten, war inzwischen in Bambur gewesen und hatte alles instand gesetzt oder neu installiert. Überdies hatte die unermüdliche Arbeit unserer drei deutschen Missionsschwestern Früchte getragen: Ihr Fleiß und ihre Ordnungsliebe hatten ansteckend auf das afrikanische Personal gewirkt, so daß alles sauber und aufgeräumt aussah und der Betrieb reibungslos ablief. Die wenigen Tage meiner erzwungenen Wartezeit nützte ich aus, um acht oder zehn gynäkologische Operationen zu machen und den inzwischen aus New York eingetroffenen beiden jungen Ärzten, einem Ehepaar, die Operationsmethoden zu zeigen, da sie dafür nicht ausgebildet waren.
Ein grausiges Erlebnis war es, als ein junger Afrikaner kam, den man eingewiesen hatte, weil seine Frau ihn im Streit mit einem Kessel kochenden Wassers übergossen hatte, so daß er fürchterliche Brandwunden im Gesicht, am Hals und am Brustkorb davongetragen hatte. Leider hatte man ihn nicht sofort ins Krankenhaus gebracht. So hatten inzwischen die tropischen Madenfliegen ihre Eier in die Wunden, in Nase und Ohren abgelegt. Nun fraßen Hunderte von ausgeschlüpften Maden an dem armen Kerl und hatten ihm nicht nur die halbe Nase, sondern auch beide Ohrmuscheln abgefressen. Er stank entsetzlich und schrie vor Schmerzen Tag und Nacht. Um bei ihm Hautverpflanzungen vorzunehmen, reichten die wenigen Tage meines Dortseins nicht aus, weil man ja zuerst die Maden abtöten und die Wunden sauber bekommen mußte. Anders wären die verpflanzten Hautlappen nie angeheilt. In Südamerika hatten wir öfters solche Fälle von Madenfraß bei den Indianern gehabt. Ich hatte da-

her einige Erfahrung, und so gelang es mir in den paar Tagen, wenigstens die Maden auszurotten und dem Patienten die ärgsten Schmerzen zu nehmen.
Nebenher gab ich einigen Junglehrern Anleitung im Taubstummenunterricht. Es gibt in jener Gegend häufig Meningitis und als Folge davon viele Taubstumme, aber es war keine Schule für sie da. Der Schulleiter war begeistert, als er in einem Gespräch hörte, daß ich in Südamerika mit meiner Frau zusammen Taubstumme unterrichtet hatte. Er wollte seiner Schule eine Taubstummenklasse angliedern und bat mich, den Junglehrern wenigstens die Grundbegriffe beizubringen. Es ist klar, daß ich ihnen in der kurzen Zeit nur einen ganz groben Überblick geben konnte. Hoffentlich ist aus der Sache etwas geworden. Für mich war es immer ein ganz großes Erlebnis, wenn die Taubstummen die ersten Laute hervorbrachten und die ersten Worte von den Lippen ablesen konnten, wenn die Dinge um sie her, die sie bis dahin nur mit den Augen wahrgenommen hatten, Namen bekamen und Begriffe wurden. Man kann die Arbeit eines Taubstummenlehrers mit der eines Bildhauers vergleichen: Aus einem rohen Stein wird ein Bild herausgemeißelt. Das Bild war gleichsam schon vorher in dem Stein, wäre aber ohne die Arbeit des Bildhauers niemals Wirklichkeit geworden. Die Arbeit mit den Taubstummen hat mich nächst dem Arztberuf immer am meisten fasziniert.
Inzwischen waren die Regenfluten abgeflossen, und wir konnten an den Aufbruch denken. Das Muri-Gebiet sollte bearbeitet werden. Es liegt in der Luftlinie etwa 450 km von der Meeresküste entfernt im Busch, auf dem Landweg sind es 1300 km.
Wir packten die notwendige Ausrüstung für unseren Gesundheitsfeldzug in den Landrover: Labor, Arznei, Impfstoffe, Verpflegung, Feldbetten, Petroleumlampen und -kocher, Spaten und Schaufeln, Kanister mit Benzin- und Petroleumvorrat. Unser Arbeitsteam bestand aus zwei Ärzten (dem jungen Amerikaner und mir), einer deutschen medizinisch-tech-

nischen Assistentin, einer amerikanischen Sozialarbeiterin sowie einigen afrikanischen Dispensern, von denen jeder ein paar Eingeborenensprachen konnte. Tief drin im Busch können bei weitem nicht alle Menschen die englische Staatssprache, zumal wenn sie keine Schule besucht haben; man braucht deshalb immer einige Dolmetscher, denn es gibt unglaublich viele verschiedene Sprachen, alle paar Kilometer eine neue. Man sagt, allein in Nigeria gebe es zweihundert Sprachen.

Die abenteuerliche Reise durch den Sumpf in das Land jenseits des Flusses konnte beginnen. Der Benue-River, ein Nebenfluß des Niger, ist so breit wie der Niederrhein. Lehmig gelb wälzen sich seine Fluten dahin. Mit einer Fähre, bestehend aus zusammengebundenen Baumstämmen, wird man übergesetzt. Sie hat kein Geländer, so daß einen das kalte Grausen ankommt, wenn man mit dem Auto darauffährt, denn der Fluß wimmelt von Krokodilen, die lüstern ihre Köpfe aus dem Wasser strecken, um nach Beute Ausschau zu halten. Personen werden auf flachen Kanus oder Einbäumen hinüberbefördert.

Drüben kamen wir bald in eine wunderschöne Gebirgslandschaft, die große Ähnlichkeit mit dem Allgäu hat. Ich war überrascht, in Afrika so etwas zu finden – himmelhohe Berge, in schwindelnder Höhe kleine hellgrüne Fleckchen: die Mais- und Kafirkornfelder der Bergbauern; grüne Täler und Auen, dazwischen der dunkelgrüne Busch. Alles ist dicht besiedelt, Dorf an Dorf. Murmelnde Bäche, rauschende Wasserfälle, ein kühles Lüftchen von den Bergen machten den Aufenthalt unerwarteterweise zu einem wirklichen Ferienerlebnis.

Als Ausgangspunkt für unsere Kampagne hatten wir vier »Dispensaries« gewählt. Diese lagen in größeren Marktflekken. Unsere Arbeit konnte ja nur dann sinnvoll sein, wenn sie auch laufend weiterbetrieben wurde. Die Dispenser oder Hilfsärzte werden am Krankenhaus in Bambur ausgebildet und legen in der Hauptstadt ihr Examen ab. Sie dürfen selbständig arbeiten, stellen mit Mikroskop oder nach Symptomen Diagnosen und verabreichen entsprechende Medikamente. Sie haben einen großen Patientenzustrom, und es ist erstaunlich, daß oft sogar Patienten aus Orten zu ihnen kommen, in denen ein ärztlich besetztes Regierungskrankenhaus vorhanden ist.

Unsere Ankunft war vorher bekanntgegeben worden, der »Buschtelegraf« hatte sie weiterverbreitet. So standen denn frühmorgens, wenn wir mit der Arbeit beginnen wollten, schon Hunderte von Menschen da, die stundenweit zu Fuß aus abgelegenen Tälern oder von den Bergen herunter gekommen waren. Am Abend vorher besprachen wir jeweils mit dem Dispenser unseren Plan und erklärten ihm, was er bei seiner vorausgehenden Gesundheitsbelehrung beachten müsse: wie die einzelnen Krankheiten übertragen werden, was man zu ihrer Vorbeugung tun kann, wie wichtig Körperhygiene, sauberes Wasser und ordentliche Kloverhältnisse für die Gesundheit sind. Da der Afrikaner den Tod nicht als eine große Tragödie empfindet, wie wir es tun, mußten wir Wert darauf legen, die Seuche nicht als Todesursache, sondern als Siechtum zu erklären, das den Menschen lebenslang schwächt und arbeitsunfähig und daher arm macht.

Mit Stricken hatten wir rings um die Dispensary einen Platz abgesperrt, auf dem wir arbeiten konnten. Da das Gebäude für die vielen hundert Menschen natürlich viel zu klein war, mußte sich unsere Arbeit notgedrungen im Freien abspielen.

Nach der üblichen Evangelisationsandacht, die entweder der Dispenser selbst oder der Laienprediger der örtlichen christlichen Gemeinde abhielt, folgte die Aufklärungsansprache. Danach bekamen alle Wartenden kleine Wachspapierchen, in denen sie ihre Stuhlproben bringen sollten. Sie verschwanden in langer Warteschlange in die Musterlatrine, die eigens zu diesem Zweck vorher gebaut worden war, und stellten sich dann am Tisch der Laborantin an, wo immer drei und drei zusammen untersucht wurden. Sie bekamen das Resultat der Untersuchung auf einen Zettel geschrieben und gingen an den Tisch, wo der Dispenser oder einer der Dorflehrer die Karteikarten ausschrieb. In Afrika hat jeder Patient seine Karteikarte, die er bei sich zu Hause aufbewahrt und zur Behandlung mitbringen muß. Dies ist notwendig, weil der Afrikaner sehr häufig den Namen wechselt und man so nie seine Karteikarte finden würde, wenn er wiederkommt. Eine genaue Erfassung der Untersuchten ist aber wichtig, weil man sie ja laufend nachuntersuchen will. Auch im tiefsten Busch geht es also nicht ohne Papierkrieg! Zuletzt wurde jeder einzelne von mir auf Trachom, eine tropische Augenkrankheit, und auf Lungenerkrankung untersucht, und der junge amerikanische Arzt schrieb die Verordnungen auf die Karteikarte. Anschließend warteten alle noch stundenlang auf die Arzneimittelausgabe. Aber warten bedeutet für den Afrikaner gar nichts, es ist eine willkommene Gelegenheit, einmal einen ausgiebigen Schwatz zu halten!

Unser Hauptaugenmerk richtete sich auf folgende Krankheiten: Hakenwurm und Bilharziose, zwei Parasiten, die schwere Blutarmut verursachen, dann Onchocercose (Filaria), Amöbenruhr und Trachom sowie Tuberkulose und Cholera, die dort endemisch ist.

Alle Kinder unter zwei Jahren wurden DPT-geimpft, wie bei uns in Deutschland. Den Impfstoff im Wert von DM 5000.– hatte ich mit Spenden, teils vom Deutschen Roten Kreuz, teils von Gemeinden oder Privatleuten, in Deutschland eingekauft und mitgebracht – in meinem kleinen Kabinenköfferchen, das gewöhnlich mein einziges Gespäckstück für einen ein- bis mehrmonatigen Missionseinsatz ist. Leute, die viel in der Welt herumkommen, reisen immer mit einem Minimum an Gepäck.

So untersuchten wir täglich drei- bis fünfhundert Menschen und waren von 7 bis 15 Uhr ununterbrochen an der Arbeit. Bei manchen Dispensaries war nicht einmal ein Baum auf dem Hof, so daß sowohl wir als auch die Patienten stundenlang in der prallen Tropensonne standen. Solche Menschenmassen konnten wir natürlich nur deshalb bewältigen, weil

sie fast alle nackt waren und so die Zeit zum Ausziehen gespart wurde, die bei uns hierzulande so sehr ins Gewicht fällt. Es war sozusagen eine Arbeit am Fließband.
Aufschlußreich war es für mich, die Verschiedenheit der Menschen zu beobachten. Wir Europäer stellen uns vor, in Afrika seien einfach alle schwarz, und man könne die Menschen kaum voneinander unterscheiden. In Wirklichkeit sind ihre Gesichtszüge und ihre Gebisse genau so verschieden wie bei uns. Auch sehen die einzelnen Volksstämme ganz und gar unterschiedlich aus. Die Bergvölker sind um gut einen bis eineinhalb Kopf kleiner als die Talbewohner; sie sind rabenschwarz und haben eine ganz besondere Art, sich zurechtzumachen. Die Frauen haben lange, bis auf die Schulter herunterhängende Ohrlappen, durch die Nase haben sie ein Stöckchen gesteckt. Gesicht, Brust und Bauch sind mit künstlichen Narben, zu Ornamenten angeordnet, verziert, und die krausen Haare sind zu unzähligen winzigen Zöpfchen geflochten, die entweder senkrecht in die Höhe stehen oder aber ganz dicht am Kopf anliegen. Ihre oberen und unteren Schneidezähne sind spitz zugefeilt, was ihnen ein kannibalisches Aussehen verleiht und sicherlich noch ein Relikt aus der Kannibalenzeit ist. Viele schminken sich mit weißer Erde, so daß sie wie Clowns aussehen. Das unvermeidliche Baby ist mit gespreizten Beinen auf den Rücken der Mutter gebunden; daher haben fast alle Afrikaner Brüche, die oft unglaubliche Ausmaße annehmen und bis auf die Knie herunterhängen. Bruchoperationen sind am afrikanischen Krankenhaus das tägliche Brot; oft sind es an einem Tag sieben oder acht. Nur Nabelbrüche werden niemals operiert, denn sie gelten als Zierde: je größer und spitzer ein Nabelbruch, um so schöner. Vielfach tragen die Frauen als einzige Bekleidung ein Büschel Blätter, an einer Hüftschnur aufgefädelt, vor der Schamgegend und am Po. Von den Afrikanern, die schon Kleidung tragen, werden sie »Leafladies« (Blätterdamen) genannt.
Für unsere Zwecke war die Nacktheit, wie gesagt, das Gegebene, denn so konnten wir viel schneller arbeiten. Aber wenn

eine Frau überhaupt ein Kleid besaß, dann zog sie es für diese Gelegenheit ganz bestimmt an, schon um damit angeben zu können. Einige hatten sogar alle Kleider, die sie besaßen, übereinander angezogen, obwohl sie bei der Affenhitze von Schweiß trieften.

Bei der Talbevölkerung wiederum konnte man deutlich die Ureinwohner von den aus dem Norden eingesickerten Stämmen unterscheiden. Die ersteren waren schwarz, die anderen milchkaffeebraun. Auch ihre Gesichtszüge waren durchaus verschieden von denen der Ureinwohner. Sie sind Nomaden, die mit ihren Viehherden immerzu auf der Wanderschaft sind, das heißt auf Futtersuche für ihre Herden. Größtenteils sind sie Mohammedaner. Ihre Frauen bemalen sich die Gesichter mit unterschiedlichen Farben und Ornamenten. Sie tragen kostbare Seidenbrokatgewänder und viel Goldschmuck, damit man sehen kann, wie wohlhabend sie sind (wie bei uns!). Ihre Gesichter sind viel schlanker als die der Ureinwohner, auch die Nasen sind nicht so plattgedrückt. Die Männer sind ebenfalls eitel: Sie flechten ihre Haare zu kunstvollen Frisuren, binden bunte Bänder oder Metallplättchen in die Zöpfe und stecken Federn dazwischen.

Schon an den Namen konnte man unterscheiden, ob es sich um Christen, Muslime oder Animisten – die drei Religionsgruppen – handelte. Hießen sie Owambo, Babalolu, Kwame oder Ngama, waren es mit Sicherheit Animisten; die Fatmas, Ahmeds, Emines, Mustafahs waren Muslime, die Christen legen sich, sobald sie getauft sind, einen biblischen Namen zu. Dabei spielt es komischerweise gar keine Rolle, ob die Person in der Bibel ein Vorbild war oder nicht. So fanden wir Hunderte von Rahabs, obwohl das doch die einzige in der Bibel erwähnte Hure ist. Ich nehme an, der Name wird mehr nach dem Klang gewählt oder weil er sich in der eigenen Sprache leicht aussprechen läßt. Auch am Gesichtsausdruck konnte man die Religionszugehörigkeit erkennen: finster und verschlossen die Animisten, fatalistisch die Muslime, heiter-vergnügt die Christen, die mit uns auch ganz wie mit ihresgleichen verkehrten, da wir ja Brüder und Schwestern waren.

Bis jetzt ist es in Nigeria noch so, daß die Mohammedaner die reichere und vornehmere Oberschicht stellen. Sie sind meist Händler und verstehen es, mit echt arabischem Händlergeist ein Vermögen zu machen. Die Christen gehen fast ausschließlich aus den ärmeren heidnischen Volksschichten hervor. Eine unserer jungen Missionarinnen sagte einmal zu mir: »Es wurmt mich richtig, wenn ich sehe, daß unsere Christen hier arme Schlucker sind, während die Mohammedaner mit Gold behängt in Samt und Seide daherrauschen.« Ich erwiderte ihr, daß ich das nur natürlich fände, hat doch Christus gesagt: »Kommet her zu mir alle, die ihr mühselig und beladen seid, ich will euch erquicken!« Christus ist in erster Linie zu den Armen und Entrechteten gekommen.

In der Zukunft mag das alles vielleicht anders aussehen. »Wissen ist Macht«, heißt es. Gerade in einem Entwicklungsland werden diejenigen, die Bildung besitzen, schließlich an die Führung kommen, und die Unwissenden werden auf der Strecke bleiben. In Nigeria herrscht völlige Religionsfreiheit, die so weit geht, daß an den Regierungsschulen kein Religionsunterricht erteilt werden darf. Da aber drei Viertel aller Lehrer in Nigeria Christen sind, aus den ehemaligen Missionsschulen hervorgegangen, geben sie in ihrer Freizeit allen Kindern, deren Eltern es erlauben, Religionsunterricht. Die Eltern der Lehrer, mit denen ich gesprochen habe, waren alle noch Heiden. Sie selbst sind erst in der Missionsschule zum Glauben gekommen. So sind sie im Nebenberuf fast alle Prediger oder Evangelisten und setzen sich sehr aktiv im kirchlichen Leben ein.

Die Mohammedaner schicken ihre Kinder aus Angst, sie könnten sich zum Christentum bekehren, nicht in die öffentlichen Schulen.

Unser Standquartier auf unserer Safari schlugen wir meist in verlassenen Missionsstationen auf, von denen aus wir in die umliegenden Ortschaften fuhren. Die Häuser waren zum Teil leer, zum Teil aber auch noch voll möbliert und mit Lichtaggregaten und Eisschränken ausgestattet. Immer lagen sie auf einer Anhöhe mit wundervoller Aussicht in die Berge und Täler inmitten eines gepflegten Parks mit Rasen und herrlichen Blütensträuchern, die ja in den Tropen so üppig gedeihen. Immer sind sie mindestens eine Meile von der nächsten Ortschaft entfernt, weil die englische Kolonialregierung nicht erlaubt hatte, daß die Häuser von Weißen näher als eine Meile an die Ortschaften der Eingeborenen gebaut wurden. Für Missionszwecke wäre es sicher besser gewesen, mitten unter den Menschen zu leben, für die man arbeiten wollte.

Nun ist die Kirche im Muri-Gebiet autonom geworden, das heißt, aus einer Missionskirche ist eine missionierende Kirche geworden. Sie unterhält sich selbst, hat ihre eigenen Pfarrer und Evangelisten und baut auch ihre eigenen Kirchen selbst. Die einheimischen Pfarrer wollen unter ihren Leuten leben und nicht weit außerhalb in den ehemaligen Missionshäusern. Deshalb stehen diese jetzt alle leer. Die Christen dort sind keine Methodisten, Baptisten, Lutheraner, Anglikaner, Freie Evangelische mehr, sondern haben sich zu einer einzigen Kirche vereinigt, der »Vereinigung christlicher Kirchen im Sudan« (TEKAS). Diese Kirche hat sich zum Ziel gesetzt, ganz aktiv Mission zu betreiben, und hat eine Aktion »New Life for All« gestartet. Jede Gemeinde, die sich neu bildet, verpflichtet sich, einen Missionar aus ihren eigenen Reihen auszusenden und auch zu unterhalten. Sind es größere Gemeinden, dann werden sogar mehrere Missionare oder Evangelisten ausgesandt.

Einmal wurde ich von einem Missionar eingeladen, in ein weit entfernt gelegenes Gebirgstal zu fahren, um ein geschlossen christliches Dorf zu besuchen, was man sonst kaum findet. Nach getaner Tagesarbeit fuhren wir mit dem Landrover eineinhalb Stunden in die Berge. Manchmal ging es durch tief eingeschnittene Flußtäler mit so steilen Ufern, daß es sogar für den Landrover schier unmöglich schien, hinunter- oder hinaufzukommen. Schließlich langten wir vor einem kleinen

Dorf mit den typischen afrikanischen Rundhütten an. Es lag am Fuße zweier solider schwarzer Basaltfelsen, die mehrere hundert Meter hoch in den Himmel ragten und wie zwei Wächter den Eingang zu einer tiefen, wildzerklüfteten Gebirgsschlucht begrenzten. Vor diesen zwei Felsen gruppierte sich das Dörflein: in der Mitte ein freier Platz aus gestampftem Lehm, darauf eine kleine Kirche, rund herum die Höfe, jeder mit Strohmatten eingezäunt.

»Dieses Dorf ist noch ganz jung«, sagte mein Begleiter, »noch nicht einmal ein Jahr alt. Früher waren sie alle Gebirgsbauern. Ihre Höfe klebten hoch droben in den Bergen auf kleinen Fleckchen bebaubaren Landes. Zwischen kahlen Felswänden pflanzten sie ihr bißchen Mais und Kassava. Nachdem das Evangelium zu ihnen gekommen war und sie Christen geworden waren, beschlossen sie eines Tages, ihre Höfe zu verlassen und gemeinsam ins Tal zu ziehen, um dort ein Dorf zu gründen, eine Kirche zu bauen und christliche Gemeinschaft zu pflegen.«

Noch ehe sie ein Dach über dem Kopf hatten gegen Regen und Sonnenhitze, bauten sie ihre kleine Kirche. Wadendicke Buschstämmchen in Mannshöhe waren in Abständen von zwei Metern in die Erde gerammt. In die Astgabeln hatte man Querbalken aus gespaltenen Palmstämmen gelegt, darauf die Dachsparren. Das Dach war mit Stroh gedeckt. Anstelle von Wänden waren geflochtene Strohmatten rund um die Stämme gelegt. Es gab kein Fenster, nur eine winzige Türöffnung, durch die man gebückt hindurchkriechen mußte. An der ganzen Kirche war kein Nagel, keine Schraube verwendet worden, nichts als Holz, Stroh und Lehm, von geflochtenen Bastschnüren zusammengehalten. Im Inneren herrschte Halbdunkel. Rechts und links vom Mittelgang waren kleine Wälle aus geklatschtem Lehm, etwa dreißig Zentimeter hoch, als Sitzgelegenheiten.

Während das kleine Völklein bei unserer Ankunft aus den Hütten gelaufen kommt, viele Frauen noch nackt mit nur einem Blätterbüschel, und draußen lustig schnattert und lacht, setze ich mich drinnen auf einen der Lehmwälle. Diese kleine Strohkirche ist das Armseligste, was ich auf der Welt gesehen habe. Vorn steht kein Altar und keine Kanzel, nur ein Lehmkreuz. Plötzlich laufen mir die Tränen über die Wangen, ich kann sie nicht zurückhalten. Das Evangelium von der Liebe Gottes hat seinen Einzug gehalten und die Menschen in ihrer Armut, ihrem finsteren Dämonenglauben und ihrer Furcht froh und frei gemacht. Ich frage mich, woher es kommt, daß bei uns immer mehr Menschen dem christlichen Glauben den Rücken kehren und aus der Kirche austreten. Hat das Evangelium bei uns seine Kraft verloren? Ist es bei uns alt und unbrauchbar geworden, während es hier, wo es noch neu ist, wirkt?

Nein, das Evangelium hat auch bei uns die gleiche Kraft. Nur muß es, wie hier, von jedem einzelnen ganz persönlich erfahren und erlebt werden. Man wird nicht automatisch Christ, weil die Eltern Christen sind. Gottes Hand muß jeder persönlich ergreifen, der sich von ihm durchs Leben mit all seinen Problemen leiten lassen und Frucht bringen will. Es ist so wie mit einem Kranken, der zwar weiß, daß ein Arzt da ist, der ihm helfen könnte, aber nicht zu ihm geht. Kann ihm da der Arzt etwas nützen? Warum verdoppelt sich hier in Afrika die Zahl der Christen alle fünf Jahre, während bei uns die Zahlen rückläufig sind? Sind wir, die sogenannten Gläubigen, in unserer Umgebung ein schlechtes Beispiel? Nehmen die Ungläubigen an uns Anstoß? Sind wir zufrieden, wenn nur wir unseren Glauben haben, und fühlen keine Verpflichtung, ihn an andere weiterzugeben, an unseren Nachbarn, unseren Arbeitskollegen, den Mitschüler, den Pflegebefohlenen? Sind wir zu feige dazu?

Ich denke daran, wie der Dispenser vor jeder unserer Reihenuntersuchungen eine Andacht hält, mit den Patienten betet und den Heiden das Evangelium verkündet, und ich stelle mir vor, wie das wäre, wenn ich daheim vor jeder Sprechstunde ins Wartezimmer treten und das gleiche tun würde. Gewiß, die Formen sind verschieden, und verschieden sind auch die

Gegebenheiten. Aber doch nehme ich mir in dem kleinen Strohkirchlein während meiner kurzen Meditation vor, in Zukunft wieder treuer an meine Pflicht als Christ zu denken.

Draußen stellt mir der Missionar einen jungen Mann vor. »Das ist der gewählte Evangelist des Dorfes. Auch die Leute hier haben unverzüglich ihren Missionar ausgesandt, sobald ihre Gemeinde gegründet war, denn sie wollten nicht hinter den anderen zurückstehen. Geld haben sie keines, sie sind alle arm. Der Evangelist bekommt an barem Geld fünf Schilling (DM 2.50) im Monat. Zum Vergleich: Ein Hausboy erhält 90 DM, ein Dispenser zwischen 150 und 200 DM und ein Lehrer 200 DM. Jedoch bearbeiten die Gemeindeglieder reihum seine kleine Landwirtschaft, sie pflanzen, hacken, jäten, ernten für ihn, so daß er das gleiche hat wie alle anderen. Er ist die ganze Woche hoch droben im Gebirge unterwegs mit einer Feldflasche voll Wasser und einer Bibel als einzigem Gepäck. Samstags kommt er herunter, um mit der Gemeinde den Sonntag zu feiern.«

Voll Stolz wollen sie mir nun etwas zeigen. Fünfhundert Meter entfernt ist unter einem riesigen Baum ein uralter heidnischer Opferplatz, an dem noch im Jahr zuvor den Götzen Menschenopfer gebracht worden waren. Dämonenfurcht und Aberglaube hatten diese Menschen dazu gebracht, unschuldige Jungen oder Mädchen auszulosen und abzuschlachten, um vor Seuchen oder Naturkatastrophen bewahrt zu bleiben. Dicht bei dieser Kult- und Opferstätte haben die Christen angefangen, eine neue Kirche aus Lehmziegeln zu bauen. Sie steht schon bis zum Dach, die Wände sind mit Plastikfolien abgedeckt, denn jetzt in der Regenzeit würde ein einziger Regen genügen, um den ganzen Rohbau einfach wegzuschwemmen. Die Fenster sind spitzbogig, in jedem ist ein Kreuz eingelassen. An der Stirnseite ist beim Mauern in der Wand ein Kreuz ausgespart worden, durch das das Licht hereinfällt. Der Boden ist aus gestampftem Lehm. Bald wird die Kirche fertig sein, sie wird fünfmal so viel Men-

schen fassen, wie jetzt Gemeindeglieder da sind. Sie sind voller Zuversicht, daß die Kirche bald voll sein wird. Diese Menschen haben ihren Götzen abgeschworen, sie haben keine Furcht mehr und sind frei geworden.
Welches sind unsere Götzen, denen Opfer gebracht werden? Sind Alkoholmißbrauch, Drogen, Überfütterung, Sexabusus nicht auch Götzen, die den Menschen unfrei machen? Könnten die Menschen nicht frei werden, wenn sie wie jene einfachen Afrikaner ihr Leben Gott zur Führung übergeben würden?
Es wird Zeit zum Aufbruch, wenn wir noch vor Dunkelheit wieder in unserem Quartier sein wollen. Fröhlich winken die Menschen, als wir zum Dorf hinausfahren.
Nun folgen wieder Tage voller Arbeit. Wir befassen uns insbesondere mit der Geburtenkontrolle. Seither gab es hier eine Art passiver Geburtenregelung: Ein Ehepaar bekam etwa zehn bis zwölf Kinder, von denen aber die meisten im Säuglingsalter starben, so daß etwa zwei übrigblieben. Nun kommen wir mit unseren Impfungen und unserer Hygiene daher und drosseln die Säuglingssterblichkeit, und es wäre abzusehen, wann das jetzt schon dicht besiedelte Gebiet nicht mehr Nahrung für alle hergeben würde. Sollen wir die Kinder am Leben erhalten, nur damit sie nachher infolge der Bevölkerungsexplosion verhungern müssen? Das wäre Wahnsinn. Die beste Entwicklungshilfe für unterentwickelte Länder ist die Geburtenkontrolle. Da diese einfachen Menschen für die Einnahme von Antibabypillen zu unzuverlässig sind, bleibt als einziger Ausweg die Spirale. Wir bieten ihnen diese an – entscheiden müssen sie sich selber. Aber es machen erstaunlich viele davon Gebrauch, nachdem ihnen der Dispenser den Zweck und Sinn erklärt hat. So haben wir parallel zum Gesundheitsfeldzug auch eine Art Hungerkampagne durchgeführt, indem wir halfen, die Bevölkerungsexplosion zu verhindern.
Die vier Wochen Urlaub sind wie im Flug vergangen. Meine Safari nähert sich ihrem Ende. Wir haben ein Gebiet von der

Größe Baden-Württembergs abgegrast, wir haben etwa 4500 Menschen untersucht und behandelt, die Laborantin hat an die 3000 Stuhlproben untersucht – was das bei der Hitze heißt, kann nur einer ermessen, der es selber getan hat. Die Aktion ist planmäßig abgelaufen, der Anfang für ein öffentliches Gesundheitswesen ist gemacht. Bleibt zu hoffen, daß es weitergeht, sobald die Regierung es übernimmt.

Das kleine Missionsflugzeug holt mich ab, ich mache am Krankenhaus in Bambur zwei Stunden Aufenthalt, um allen Mitarbeitern Lebewohl zu sagen. Dann geht es nach Jos, von dort mit der kleinen Düsenmaschine nach Kano und schließlich mit der Boeing via Zürich nach Stuttgart, wo ich am Abend wohlbehalten ankomme.

Anderntags in der Praxis fragen mich meine Patienten: »Hen Se sich gut erholt, Herr Doktor? Hen sich die Schwarze gfrait, wo se Sie gsehe hen?« Ich lächle im stillen und sage ja. Zwar bin ich um einige Kilo leichter, aber innerlich fühle ich mich bereichert. Mit neuem seelischem Schwung und Auftrieb gehe ich an meine Alltagsarbeit.

Drei Monate in Papua-Neuguinea

Annelies Wilder-Smith
Einar Wilder-Smith

Seit meinem 10. Lebensjahr wollte ich Missionsärztin werden. All mein Planen und Denken war auf die Mission gerichtet. Ich lernte konzentriert, um im Abitur möglichst gut zu bestehen und zum Medizinstudium, für das der Numerus clausus bestand, zugelassen zu werden. Ich konnte nicht schnell genug auf das Missionsfeld kommen! Doch Gott bremste – erst mußte ich noch einige Lektionen für mich selbst lernen. Eine persönliche Tragödie während des Medizinstudiums ließ mich erkennen, daß ich nichts aus eigenen Kräften zu tun vermochte, sondern vollständig von der erlösenden Gnade Gottes abhing. Seither habe ich eine tiefe persönliche Beziehung zu Jesus, und ich habe den brennenden

Wunsch, dies an andere Menschen unterschiedlichster Kulturen weiterzugeben. Doch auch nach dem Studium wurde die Mission mir erst nach fünf Jahren eröffnet. Aber im nachhinein bin ich dafür sehr dankbar, hat mir diese Zeit doch eine gute Ausbildung ermöglicht. Nachdem ich meinen Mann Einar Wilder-Smith geheiratet hatte, zogen wir zunächst nach Neuseeland, wo wir beide als Ärzte tätig waren. Und eines Tages flatterte uns ein Brief der »Asia Pacific Christian Mission« ins Haus mit der Anfrage, ob wir gewillt wären, wegen akuten Arztmangels einige Monate in Balimo in Papua-Neuguinea auszuhelfen. Lückenbüßer!
Balimo ist ein Dorf mitten in einem Sumpfgebiet des Aramia-Flusses in der flachen Westprovinz von Papua-Neuguinea. Das Gebiet ist verseucht mit Malaria, Filariasis, Lepra, Durchfallerkrankungen und vielem anderem. Balimo ist seit vielen Jahren Ausgangspunkt der Mission in der Westprovinz. Ein neuseeländischer Chirurg leitet das dortige Krankenhaus, aber er ist seit dem Weggang eines Kollegen allein und überlastet, bis ein anderer Missionar in einigen Monaten kommen wird. Nach langem Gebet sagten wir zu.

Geburtshilfe in Papua-Neuguinea

Mein Mann übernahm die allgemeinmedizinische Versorgung, ich kümmerte mich um die geburtshilflichen und kinderheilkundlichen Probleme. Die Geburten wurden von den Hebammen durchgeführt, auch Problemfälle. Wenn die Hebammen nicht weiterwußten, wurde der Arzt gerufen. Häufig war es dann allerdings zu spät. In unserer ersten Woche in Balimo wurde ich nachts einmal gerufen, weil ein Neugeborenes an Atemnot zu sterben drohte. Ich rannte mit der Taschenlampe auf der holprigen Straße von unserem Stelzenhaus zum Kreißsaal. Ich kam zu spät. Am folgenden Tag fand ich einen alten Inkubator, der dem Krankenhaus vor Jahren geschenkt worden war. Er war ganz verstaubt und roch schimmelig. Der chirurgische Kollege und ich putzten und reinigten ihn stundenlang. Dann wurde der Inkubator eingeweiht. Gleich am nächsten Tag hatten wir wieder ein Neugeborenes mit Atemnot. Es überlebte, weil wir nun über einen längeren Zeitraum im Inkubator Sauerstoff zuführen konnten.

Ein Mädchen, Somono, wurde acht Wochen vor dem errechneten Termin wegen vorzeitiger Plazentaablösung geboren und wog nur 960 g! Ich hatte keine große Hoffnung für das kleine Würmchen, das kaum größer war als eine Männerhand. Doch es wurde mit Liebe gehegt, regelmäßig mit Wärmflaschen erwärmt, per Nasensonde viele Male am Tag mit kleinen, abgepumpten Muttermilchmengen ernährt, und das Wunder geschah: Es überlebte! Am Ende unserer Zeit in Balimo konnten wir Somono mit nun 2000 g entlassen. Sie wurde vom ganzen Krankenhaus gefeiert und bestaunt. Somono war in Balimo das erste Frühgeborene, das überlebte. Trotz Inkubator sind alle, die während der folgenden Zeit mit einem Gewicht von weniger als 1500 g geboren wurden, gestorben. Wenn sie ein Atemnotsyndrom entwickelten, reichte der Sauerstoff im Inkubator nicht aus, und sie hätten eigentlich intubiert und beatmet werden sollen, wozu es keine Geräte gab.

Auf der Wochenstation ging es oft lustig und turbulent zu. Die Station war ein langer Saal, in dem die Frauen mit ihren Babys auf dem Boden lagen, jede auf ihrer Matte. Das war ein Babygeschrei! Eines Tages kam ich zur Visite und wurde von lautem Weinen überrascht. Alle Frauen im Saal weinten. Was war los? Ich erfuhr, daß eine junge Frau um ihr erstes Kind weinte, das sie nach der Geburt abgeben mußte, weil sie die zweite Ehefrau war und die erste Frau ihr Baby sofort töten würde, wenn sie nach Hause kam. Alle anderen Frauen litten mit und drückten das Neugeborene an sich, das Baby wurde im ganzen Saal herumgereicht. Ich versuchte, mit dem Ehemann zu reden. Es gab keine Lösung, das Baby mußte weggegeben werden; die erste Ehefrau wartete zu Hause bereits mit dem Messer.

Wie es der Zufall wollte (gibt es überhaupt Zufälle?), gab es an jenem Tag eine Totgeburt im Dorf. Die Frau war nicht zu den Vorsorgeuntersuchungen gekommen, und während der Geburt entstanden Komplikationen. Die herbeigerufene Ambulanz unserer Klinik kam zu spät. So kam nun an diesem Tag eine zweite laut schreiende Frau in den Saal. Ich war gerade dabei, Verordnungen aufzuschreiben, als ich einen Menschenauflauf im Wochenbettsaal bemerkte. Die erste Frau hatte ihr Baby, das sie nicht behalten konnte, der zweiten Frau gegeben, die ihr Baby verloren hatte. Es gab Weinen, Lachen, Umarmungen.
Die Geburtshilfe ist durch die jahrzehntelange Missions- und Gesundheitsarbeit in Balimo auf recht gutem Stand. Die meisten Frauen kommen zu den Mutterschaftsuntersuchungen, im Kreißsaal ist die Hygiene erträglich. Vorsorgeteams fahren mit Kanus in die umliegenden Dörfer. Doch die Westprovinz besteht aus vielen kleinen Dörfern, die durch große Entfernungen, Sümpfe, Flüsse und Urwälder getrennt sind. Da ist es aus finanziellen und organisatorischen Gründen zur Zeit noch unmöglich, in jedem kleinen Dorf eine Geburtsklinik zu errichten. So stieß ich auf einer meiner Flugreisen zu Vorsorge- und Röntgenuntersuchungen in den entlegenen Dörfern auf erschreckende Verhältnisse. Die Geburtshütte steht weit außerhalb des Dorfes, weil die Geburt in der dortigen Kultur als »unreines« Geschehen gilt. So müssen die Frauen trotz Geburtswehen noch weit hinauslaufen. Die Geburt selbst findet auf dem Lehm- und Schlammboden statt. Ältere Frauen aus dem Dorf dienen als Hebammen, sie arbeiten mit bloßen, ungewaschenen Händen. Das blutige Geburtslager wird anschließend wieder mit Lehm und Erde zugedeckt. Kein Wunder, daß so viele Säuglinge an Wundstarrkrampf und so viele Mütter an schweren Infektionen sterben. Wie lang wird dieser Zustand noch anhalten? Was wird die Lösung sein für diese kleinen Dörfer?

Jumjong

Die einprägsamsten Erlebnisse sind die Begegnungen. Von einer will ich erzählen, der Begegnung mit Jumjong. Sie ist zwölf Jahre alt, ein hochgewachsenes, schmales Mädchen mit großen, ausdrucksvollen Rehaugen und dem für die Papua typischen kurzen krausen Haar. Sie ist auf ihre Art hübsch, doch sie hat einen Makel: Im Gesicht sind helle Flecken, am Unterschenkel ist ein großes Geschwür, ihre linke Hand ist gelähmt. Sie hat Lepra.

Jeden Tag sehe ich sie bei der Visite. Sie sitzt einsam in einer Ecke, mit ihren großen traurigen Augen ins Leere blickend. Auf einer medizinischen »Patrouille« hatte sie mein Vorgänger in einem Dorf »entdeckt« und nach Balimo gebracht. Seit einem Monat ist sie zur medikamentösen Leprabehandlung bei uns im Krankenhaus. Nun ist das geschehen, was für Melanesen das Schlimmste ist: Sie wurde herausgerissen aus dem Beziehungsgeflecht ihres Familienstammes. In Balimo ist sie weit weg von ihrer Familie, von ihrem Stamm, von ihrer Sprache.

Ihre Lepra wird erfolgreich behandelt, doch was geht in ihrer Seele vor?

Bei den Visiten bringe ich ihr Zeichenmaterial mit; damit beschäftigt sie sich eine halbe Stunde, danach starrt sie wieder ins Leere.

Mein Mann und ich beten für sie. Wir erleben eine wunderbare Gebetserhörung.

Miri, eine Frau aus Jumjongs Stammesgruppe, wird wegen Tuberkulose zu uns eingeflogen. Die beiden befreunden sich. Wir erfahren, daß Miri Christin ist, seit einige Jahre zuvor ein amerikanisches Missionarsehepaar in ihr Dorf gekommen war. Nach einer Woche ist Jumjong ein verändertes Mädchen. Ihre Augen drücken nun Freude aus. Sie wird lebhaft. Aktiv geht sie auf andere Kinder zu, und trotz Sprachschwierigkeiten gewinnt sie Freunde. Wir führen die Veränderung auf ihren Kontakt mit Miri zurück. Doch dann erfahren wir,

daß mehr geschehen ist. Miri hat ihr nicht nur die Freundschaft mit einem Menschen ihres Stammes gebracht, sondern sie hat durch Miri auch die Begegnung und Freundschaft mit Jesus Christus erlebt. Unsere kleine Jumjong ist Christin geworden. Wir staunen voll Dankbarkeit. Wenige Wochen später wird sie entlassen, das Geschwür ist gut abgeheilt.
Bei einem meiner nächsten Flüge in entlegene Dörfer komme ich auch in Jumjongs Dorf. Wie üblich, wenn in Papua-Neuguinea das Missionsflugzeug von MAF (Mission Aviation Fellowship) landet, stehen die Dorfbewohner in Scharen an der Landebahn und winken und rufen. Ganz vorn in einer Gruppe von Kindern entdecke ich Jumjong. Sie jubelt am lautesten und lacht. Sie kommt auf mich zu und nimmt meine Hand. Es geht ihr gut. Die Medikamente gegen die Lepra hat sie brav eingenommen. Freudestrahlend zeigt sie mir ihre Zeichnungen zu den biblischen Geschichten, die ihr Miri erzählt hat.
Einen Monat später hören wir wieder über sie. Sie ist an einem Schlangenbiß verstorben. Das MAF-Flugzeug konnte nicht rechtzeitig kommen, um sie nach Balimo ins Krankenhaus zu fliegen.
In unserer Trauer haben wir nur einen Trost: Ihre Seele hat das ewige Heil gefunden.

Missionare

Wichtig waren uns auch die Begegnungen mit anderen Missionaren. Häufig heißt es ja, Missionare hätten Beziehungsprobleme miteinander. Feste Überzeugungen und ein starker Wille zeichnen eben oft den Missionar aus, aber zwischenmenschliche Beziehungen werden dadurch nicht einfacher. Gerade da lacht sich der Teufel ins Fäustchen, denn Streitereien sind die effektivste Methode gegen das Zeugnis der Missionare!
Spannungen haben wir auch in Balimo gespürt, doch insgesamt kamen wir sehr gut miteinander aus: der neuseeländi-

sche Chirurg und seine Frau, die als Zahntherapeutin arbeitet, zwei australische Dozentinnen, die an der Krankenschwesternschule unterrichten, der neuseeländische Ingenieur und hin und wieder eine Wycliff-Bibelübersetzerin, die »zur Erholung« zu uns nach Balimo kam. Mehr waren wir gar nicht. Wir wurden eine Art Schicksalsgemeinschaft: Die Abgeschiedenheit im Sumpfgebiet, der Mangel an Information durchs Fernsehen, Einsamkeit und Erkrankungen schweißten uns zusammen. Wir trafen uns regelmäßig zum Gebet für die Mission und die Anliegen von Balimo. Aber wir hatten auch Spaß miteinander – wenn das Unterhaltungsangebot fehlt, wird man eben selbst kreativ. Wir feierten Partys mit verschiedenen Bananenrezepten, wir grillten unter den Palmen oder machten eine Kanufahrt. In guter Erinnerung bleiben uns die Abende, an denen jeder von seiner Heimat erzählte, wir von Europa, die anderen von Australien oder Neuseeland. So lernte man eine Menge dazu! Unvergeßlich ist mir eine Geschichte, die der Chirurg erzählte: Während seines Heimaturlaubs hielt er einen Diavortrag über die Mission vor Leuten, die die Arbeit finanziell unterstützten. Plötzlich schrie eine Dame auf: »Halt! Halt! Zeig mir das letzte Dia noch einmal. Habe ich da nicht gesehen, wie du dort auf einem bequemen Stuhl sitzt? Also, wenn es sich ein Missionar leisten kann, auf einem bequemen Stuhl zu sitzen, will ich keinen Pfennig mehr spenden! Missionare müssen doch arm leben!« Ein anderer Missionar erzählte, jemand schicke ihm treu und brav jeden Monat Teebeutel, allerdings gebrauchte! Man muß sich das mal vorstellen, getrocknete, ausgelaugte Teebeutel! Die Missionare haben Schwierigkeiten genug da draußen, dürfen sie da nicht auch einmal auf einem bequemen Stuhl sitzen und einen herrlichen frischen Tee trinken?

Die Frauen der Gogodala

Überall in den Kulturen dieser Welt sind Anthropologen und Soziologen am meisten interessiert an der Beobachtung und

Beschreibung des Verhältnisses zwischen Mann und Frau, ihrer Rollenverteilung, den Familienstrukturen, Heiratszeremonien usw. Auch wir waren davon fasziniert, als wir die Gogodala-Kultur kennenlernten.
Wir ließen uns sagen, daß bei den Gogodala die Frauen die Initiative ergreifen. Auch in der Familie sollen die Frauen das Sagen haben. So wurden ab und zu schwer verletzte Männer ins Krankenhaus gebracht, die von ihren Frauen verprügelt worden waren. Die Gogodala-Frauen sind groß und muskulös. Während die Männer den ganzen Tag müßig vor dem Haus sitzen, machen die Frauen die schwere Arbeit auf den Feldern und im Haushalt. Sago ist das Hauptgericht; er wird aus dem Innenholz von Sagopalmen durch tagelanges Klopfen, Spalten und Schlagen gewonnen. Auch das Fischen besorgen die Frauen. Die einzige Aufgabe der Männer ist, ab und zu auf die Jagd nach Wildschweinen, Wallabys und Kasuaren zu gehen.
Das Gogodala-Mädchen sichert sich den jungen Mann ihrer Wahl, indem sie nachts in seine Hütte schleicht. Damit gelten sie am nächsten Morgen als verheiratet. So konnte es vorkommen, daß am Montag ein schlechtgelaunter Krankenpfleger zur Arbeit erschien. Dr. Tucker, der medizinische Direktor des Krankenhauses, fragte ihn: »Du bist wohl am Wochenende geheiratet worden?« Als Antwort erhielt er ein trauriges Kopfnicken. Der Mann kann sich nicht wehren.
Wir konnten dies am Anfang gar nicht glauben. Doch nach und nach hörten wir immer mehr solche Geschichten. Eine davon ist die Geschichte unseres Freundes Paul. Er ist ein Gogodala aus dem Nachbardorf, ein ganz lieber Mensch und überzeugter Christ. Wir trafen ihn in Balimo, nachdem er aus seinem Heimatdorf geflohen war. Und hier der Grund: Er befand sich mit seinem jüngeren Bruder in seiner Hütte, als er ein Rascheln hörte. Er wurde argwöhnisch, und ahnend, was sich hinter dem Moskitonetz seines Bettes verstecken könnte, bat er seinen Bruder, vorsichtig unter das Netz zu tasten, gab es doch kein elektrisches Licht. Tatsächlich – ein Mädchen!

Paul lief sofort aus dem Haus und verbrachte die Nacht bei einem Freund. Vor Scham wollte er nicht mehr im Dorf wohnen und ging nach Balimo. Wir konnten die Scham nicht verstehen, war doch nichts passiert. Aber im Dorf weiß jeder alles, sieht alles, hört alles – ein Phänomen, das für uns Westliche unbegreiflich ist. Paul konnte es in seinem eigenen Dorf nicht mehr aushalten, zumal er einen erneuten Annäherungsversuch befürchten mußte.
Für das Gesundheitswesen in der Westprovinz ergaben sich daraus auch Probleme. Die Mission hatte in Rumginae eine Schule zur Ausbildung von »Barfußdoktoren« nach chinesischem Vorbild gegründet. Der weitreichende Plan sah vor, in allen Dörfern der Westprovinz Hilfsstationen aufzubauen, in die die Patienten zu Erstversorgung, Impfungen, Medikamentenempfang usw. kommen konnten. Dieser Plan hat inzwischen auch über weite Gebiete Fuß gefaßt. Weil man keine alleinstehenden Mädchen oder Frauen in die Dörfer schicken wollte, entschloß sich die Mission, überwiegend Männer zu der zweijährigen Ausbildung zuzulassen. Nun kann man sich aber vorstellen, daß dies zu riesigen Problemen geführt hat. Die »Barfußdoktoren« standen für die heiratswilligen Gogodala-Frauen ganz oben auf der Rangliste, waren sie doch die am besten ausgebildeten und bezahlten Männer in einem solchen Dorf. Die Folgen sind verheerend. In manchen Dörfern sind die Hilfsstationen verlassen – die »Barfußdoktoren« sind geflohen. Ja, Gesundheitsplanung ist am grünen Tisch eben einfacher als in der Praxis!

Für romantische Vorstellungen kein Platz

Eine häufige Motivation für Einsätze in Dritte-Welt-Ländern ist die Reise- und Abenteuerlust. Dies gilt insbesondere für Kurzeinsätze, bei denen die Trennung von der Heimat und den Verwandten und Freunden eben kurz und deshalb nicht so schmerzhaft ist. Die Frage nach der Berufung durch Gott scheint dann häufig in den Hintergrund zu rücken. Wir sind

jedoch der Meinung, daß auch für Kurzeinsätze die Überzeugung, daß man für diesen Einsatz berufen ist, zentral wichtig ist.
Unsere Motivation wurde sofort auf die Probe gestellt. Kurz nach unserer Ankunft in Balimo wurde eine alleinstehende Missionarin in ihrem Haus angegriffen und schwer verletzt. Sie war Australierin und wirkte seit acht Jahren in Balimo als Dozentin an der Krankenpflegeschule. In jener Nacht war sie allein im Haus, ihre Mitbewohnerin war auf Reisen. Eine Frau, die allein ist, gilt in Papua-Neuguinea als lose Frau, und so verübte eine Terroristenbande in Balimo den Überfall. Die anderen Missionare konnten den Angriff nicht tatenlos hinnehmen. Eine Polizei oder irgendeine Art von gesetzlichen Strafmaßnahmen gab es nicht, die Dorfbewohner selbst hüllten sich angsterfüllt in Schweigen. Die Missionsleitung entschloß sich, als Gegenmaßnahme die Ambulanz des Krankenhauses vorübergehend zu schließen. Die Bande reagierte prompt mit Androhungen von Gewalt und Vergewaltigungen. Für mich hieß das, daß ich nie allein im Haus bleiben und auch abends oder nachts nie allein zu Notfällen ins Krankenhaus gehen konnte. Mein Mann ließ mich nicht mehr aus den Augen, und ich kann versichern, auch ich wachte über ihn! Es war eine sehr bedrückende Zeit für alle. Nachts konnten wir kaum schlafen und lauschten gespannt auf jedes leise Geräusch. Auch im Krankenhaus war die Stimmung schlecht, auf den Korridoren hörte man kein Gelächter mehr. Die einheimischen Schwestern hatten ebenfalls Angst, galten die Drohungen doch auch ihnen. Es wurde uns nahegelegt, selbst bei einem medizinischen Notfall auf Leben und Tod nicht nachts ins Krankenhaus zu gehen, auch nicht zu zweit, da dies zu gefährlich sei.
Aus war es mit jeglichem romantischen Gefühl, in einem Missionskrankenhaus in einem idyllischen Urwalddorf zu arbeiten. Die Last der gewaltigen ethischen Entscheidung bedrückte uns. Wie sollten wir entscheiden, wenn tatsächlich nachts ein Notfall käme? Waren wir nicht hierhergekom-

men, um zu helfen? Unsere Abenteuerlust war gänzlich vergangen. Uns wurde bewußt, daß es uns bei diesem Kurzeinsatz an den Kragen gehen konnte.

In mancher Nacht, wenn wir atemlos auf die Geräusche der Nacht und des Dschungels hörten, den Mächten der Natur und der rechtlosen Einsamkeit des Sumpfgebiets vollkommen ausgeliefert, fielen uns die Worte ein: »Fürchte dich nicht, ich bin bei dir.« Gemeinsam erinnerten wir uns an die vielen Zeichen und Gebetserhörungen der letzten Monate, die uns schließlich nach Balimo geführt hatten, und wir wußten: Der Herr will uns hier, und er ist bei uns. Unsere Familien hatten uns geschrieben, wir sollten angesichts der Gefahr sofort zurückkehren. Doch wir wußten, wir waren zur richtigen Zeit am richtigen Ort. Und Gott war gnädig, er bewahrte uns. Es gab in jenen Nächten auch keinen Notfall. Erst als sich die Lage entspannt hatte, gab es einen Notfall in der geburtshilflichen Abteilung mit Kaiserschnitt um 3 Uhr nachts.

Uns wurden während dieser Zeit auch die Zeugnisse der einheimischen Krankenschwesternschülerinnen sehr zur Stärkung. Da die Krankenpflegeschule Schülerinnen und Schüler aus ganz Papua-Neuguinea aufnahm, gab es von seiten der Dorfbewohner in Balimo Feindseligkeit und Haß gegenüber denen, die nicht aus ihrem Stamm waren. In Papua-Neuguinea ist die Modernisierung noch zu jung, als daß Stammesdenken und Stammesfehden überwunden wären. Schließlich gibt es über 800 Stämme und Sprachen, und das in einem Land von nur drei Millionen Einwohnern. So wurden diese jungen Mädchen besonders auch während jener Zeit der Spannungen durch Gewaltandrohungen in Angst und Schrecken versetzt. Ein gläubiges Mädchen vom Hochland Neuguineas berichtete an einem der Gemeinschaftsabende von einer Glaubenserfahrung. Nachts wache sie manchmal auf und sei dann vor Angst und Heimweh oft wie gelähmt. Zuerst sei sie dieser Angst immer erlegen, doch dann habe sie zu Gott gerufen, und Gott sei ihr so nahe geworden wie noch nie. Nun fange sie immer an, Gott zu loben und zu preisen, wenn die Angst wieder aufkomme, und verbringe dann häufig auch den Rest der Nacht mit Bibellesen.

Über das Phänomen der Angst in der Nacht habe ich viel nachgedacht. Ich kenne es von mir selbst eigentlich nicht und kann mich auch nicht erinnern, als Kind nachts Angst gehabt zu haben; vielleicht hatte ich als ganz kleines Kind Angst vor dem dunklen Keller. Aber in Balimo entwickelte ich eine unerklärliche Angst vor dem Dunkeln. Es war, als sei das Dunkle draußen personifiziert, als sei es etwas Faßbares, etwas Böses. Selbst meinem nüchtern denkenden Mann erging es ähnlich. Wir sprachen einmal darüber mit einem Missionarsehepaar, das bereits viele Jahre Erfahrung in Papua-Neuguinea hatte. Sie berichteten, daß in manchen Nächten noch heimlich in den Dörfern schwarze Magie mit Ahnenkult und spiritistischen Sitzungen betrieben werde. Unsere Empfindungen seien wohl auf die Begegnung mit der Dämonenwelt zurückzuführen. Sie empfahlen uns, jeden Abend um den Schutz unseres Hauses durch das Blut Christi zu beten. Wir können versichern: Auf dem Missionsfeld lernt man ganz andere, neue Gebete zu beten!

Aber auch von den einheimischen Christen konnten wir viel lernen. Am Morgen nach dem Überfall auf die australische Dozentin herrschte bei den »weißen« Missionaren ein fieberhaftes Treiben. Das Haus der Dozentin wurde repariert und besser gesichert, ihre blutbesudelten Kleider wurden gewaschen, an anderen Missionshäusern wurden vermehrt Sicherheitsvorrichtungen angebracht, zum Beispiel Gitter vor offenen Fenstern. Für Emotionen blieb keine Zeit.

Ganz anders bei den Papua. Als die Schülerinnen und Schüler das blau verfärbte und geschwollene Gesicht ihrer geliebten Dozentin sahen, gab es ein Heulen und Schreien ohnegleichen. In Papua-Neuguinea gilt das »Pay-back«-System, das Racheprinzip. Die Nichtgläubigen und teilweise auch die Gläubigen griffen zu ihren Äxten und Messern, um im Dorf unter der Bande ein Blutbad anzurichten. Dem weisen Eingreifen eines einheimischen christlichen Paares war es zu verdanken, daß der Kampf mit Waffen verhindert wurde und stattdessen die gesamte Krankenpflegeschule sich zu einem Kampf im Gebet vereinte. Wir waren noch mit dem Installieren von Gittern an unserem Haus beschäftigt, als wir das Singen hörten. Neugierig liefen wir hin, und als wir die Gruppe sahen, stellten wir uns leise dazu. Wir hielten uns alle an den Händen, viele weinten, manche waren still, andere beteten laut. Immer wieder stimmte einer ein Lied an. Das ging stundenlang. Aus den vorherigen Gefühlen der Bitterkeit und des Hasses entwickelte sich eine Haltung des Gebets. Sie beteten für die Dozentin, für ihre Heilung, für Gerechtigkeit und Frieden in Balimo, für die Bande, daß sie die Liebe Gottes erfahren und zum Glauben kommen möge, für eine stärkere Kirche in Balimo. Wir priesen den Sieg Jesu über das Böse. Dann kam jemand auf die Idee, zu allen Missionarshäusern zu gehen und um Sicherheit für die einzelnen Missionare zu beten. Am Ende kamen wir zum Haus der Dozentin. Da stand sie mit mißhandeltem Gesicht, das eine Auge war ganz zugeschwollen. Einer nach dem anderen trat zu ihr und sagte ihr ein Wort des Zuspruchs. Die »Weißen« ließen ihre Arbeit liegen, gesellten sich zu der Gruppe und sangen und beteten mit. Jesus hatte gesiegt an jenem Tag. Eine neue Bewegung in Balimo hatte begonnen, von einheimischen Christen initiiert. Die Dozentin hatte nicht umsonst gelitten. Noch Monate später und selbst jetzt noch erfahren wir aus Briefen, wie sehr die gläubige Schwesterngemeinschaft in Balimo durch die damaligen Geschehnisse an Tiefe und Inbrunst dazugewonnen hat.

Die Einstellung zu Gesundheit und Krankheit

»Höre ich recht, wie bitte? Der ist doch kerngesund«, dachte ich mir. In dem feucht-heißen Zimmer in Balimo saß vor mir ein kräftig gebauter, schätzungsweise 40jähriger Einheimischer des Gogodala-Stammes.

Seit drei Tagen waren meine Frau Annelies und ich nun in

dem versteckten, uneinladenden Sumpfgebiet. Meine Vorstellungen von der Arbeit eines Buschdoktors waren etwas anders als die Wirklichkeit, die ich langsam kennenlernte, hatte ich mir doch Scharen von ausgemergelten, tuberkulösen Kranken und hochfieberhaften, verwirrten Malaria-Patienten ausgemalt. Und nun saß dieser muskelprotzende Einheimische vor mir und erzählte ausführlich von einem kleinen Unfall, den er acht Jahre zuvor problemlos überstanden hatte: »Ja, Herr Doktor, wie ich schon gesagt habe, habe ich ja jetzt eigentlich keine Beschwerden mehr, aber nachdem der Lastwagen auf der Seite im Graben zum Stehen gekommen war, spürte ich ein großes Messerstechen, genau hier.« Er deutete ausdrucksvoll auf seine untere Lendenwirbelsäule und verdrehte die Augen. »Nach einigen Wochen waren dann diese Schmerzen weg.«

»Ja, und jetzt?« fragte ich zögernd. »Weshalb sind Sie denn extra hierher gereist und zu mir gekommen?«

»Oh, ich möchte eine generelle Überprüfung meiner Gesundheit! Schauen Sie nach, ob alles in Ordnung ist!«

Die Untersuchungen waren alle normal, und ich konnte den Mann beruhigt seiner Wege ziehen lassen.

Während der nächsten Monate sah ich wiederholt ähnliche Fälle. Ja, meine Vorstellung von den ärztlichen Bedürfnissen der Menschen hier mitten im Dschungel bedurfte noch einer gründlichen Überholung.

Während meiner langjährigen Tätigkeit als Arzt in Deutschland, der Schweiz und Neuseeland war mir immer wieder aufgefallen, daß die Patienten ihren Konflikt mit der Krankheit irgendwo zwischen zwei Extremen verarbeiten. Am einen Ende des Spektrums bekämpfen sie den Konflikt mit ständiger, übertriebener Besorgnis um ihre Gesundheit. Am anderen Ende des Spektrums helfen sie sich mit Nichtbeachten und Verdrängen des Konflikts. Glücklicherweise gibt es zwischen diesen beiden Extremen ein Mittelmaß. Ja, das war mir alles gut bekannt, aber warum hatte ich mir bloß in den Kopf gesetzt, daß die Menschen hier im tropischen Sumpf anders reagieren? Zu oft meint man, daß eine andere Kultur die Grundbedürfnisse und -probleme der Menschen umändert.

Ein paar Tage darauf geht die medizinische Patrouille mit meiner Frau in ein nur eine Viertelstunde entferntes Dorf. Die Fahrt durch seichte Flüsse und hohes Schilf ist für das Kanu schwierig; so beschließen wir, das Luftkissenboot zu benutzen, weil es ohne große Probleme über Untiefen und Schilf fährt. Nach kurzem wird die mobile medizinische Klinik in dem Dorf aufgebaut. Hier wird ein Bett zum Untersuchen aufgestellt, dort eine Waage und ein Meßstab, um das Wachstum der Kleinkinder zu überprüfen.

Das Dorf weiß schon seit einigen Wochen, daß heute Kliniktag ist, und so sind viele Mütter mit ihren Kindern zur Kontrolle und Impfung da. Jeder, der medizinischer Behandlung bedarf, kann kommen. Die üblichen Krankheitsbilder sind auch heute vertreten: Magen-Darm-Probleme, Husten, untergewichtige Babys, Malaria, Kopfschmerzen, Verletzungen. Die mitgebrachten Arzneimittel wie Aspirin, Malaria-Tabletten und Antibiotika werden ausgeteilt. Einige Stunden später wird alles wieder zusammengepackt, und die Mannschaft schlendert langsam dem Boot zu. Eile gibt es ja erfreulicherweise in den Tropen nicht! Alles wird in gemächlichem, ruhigem Tempo erledigt. Es ist ja auch viel zu heiß. Singende und spielende Kinder umgeben die Gruppe, die letzten Neuigkeiten werden ausgetauscht. Meine Frau verstaut schon das Gepäck in dem engen Luftkissenboot, da fällt ihr Blick plötzlich auf eine ausgemergelte Frau mit auffällig aufgetriebenem Hals. Ihr Gang ist schleppend und stockend, wiederholt bleibt sie stehen und schnappt nach Luft. Stracks läuft Annelies auf die Frau zu und gibt ihr zu verstehen, daß sie sie untersuchen möchte. Nach kursorischer Untersuchung ist klar: Diese Frau ist im fortgeschrittenen, schon lebensbedrohenden Stadium der Lungentuberkulose. Nach kurzer Erklärung der Situation willigt die Frau zögernd ein, zur stationären Behandlung mit ins Krankenhaus nach Balimo zu kommen.

Warum war diese Patientin nicht von selbst und schon viel früher zur Behandlung gekommen? Der heutige Besuch der medizinischen Truppe war ja seit langem im Dorf bekannt. An Transportschwierigkeiten lag es sicher nicht, denn jeder Bewohner des Dorfes hat die Möglichkeit, ein Kanu zu benutzen. Auf die direkte Frage nach dem Grund der Vernachlässigung ihrer Gesundheit antwortete die Eingeborene nur mit leerem, sturem Blick. Bekannte und Angehörige meinten: »Sie wollte nicht zum Arzt, sie fühlte sich nicht krank genug.« Wir entgegneten: »Man kann doch schon aus hundert Metern Entfernung erkennen, daß sie nach jedem dritten Schritt um Luft ringen muß! Warum habt ihr sie nicht zur Behandlung gebracht? Sie wäre ja in den nächsten Wochen gestorben!« Verlegenes Schulterzucken war die Antwort.
Dieses andere Extrem in der Einstellung zur Krankheit konnte ich zwar etwas leichter verstehen als die eingangs geschilderte Haltung. Man hat ja einfach Angst vor der Krankheit. Aber trotzdem, warum geht man nicht zum Arzt, wenn doch eine recht ordentliche medizinische Versorgung fast unmittelbar neben einem ist? Schließlich gab es in Balimo nun schon seit über dreißig Jahren eine medizinische Versorgung! Und meistens wird diese auch in hohem Maße in Anspruch genommen.
Irgendwo im Inneren eines jeden Menschen, welcher Kultur und Religion er auch angehört, gibt es eine Leidensschwelle, die überschritten werden muß, ehe er Hilfe sucht. Diese Leidensschwelle ist von Mensch zu Mensch verschieden, und sie ist mit all ihren Extremen in jeder Kultur gleichermaßen vorhanden. So gibt es extrem niedrige Leidensschwellen wie bei meinem am Anfang erwähnten Patienten und extrem hohe wie bei der Tuberkulosepatientin.
Wie ich so an meinem Schreibtisch sitze und nachdenke, meine ich, daß wir alle auch seelische Leidensschwellen haben. Manche suchen sofort Hilfe, andere wollen sich in ihren seelischen Nöten nie helfen lassen.
Darf ich zum Schluß meine persönliche Erfahrung bei der Be-

wältigung dieses Problems mitteilen? Welcher Kultur der Mensch auch angehört – letztendlich kann er nur von seinem Schöpfer, nämlich Jesus Christus, verstanden und geheilt werden. So bleibt nur die Frage, wann wir die Schwelle erreichen und uns zu ihm wenden.

Lückenbüßer in Botswana/Afrika
Annette und Jens Wacker

»Botswana, wo liegt das?« fragte mich Annette, als ich ihr das erste Mal von diesem Land erzählte. Länder, in denen kein Krieg tobt, sind für deutsche Nachrichten wenig interessant, und so entsteht leicht der Eindruck, in ganz Afrika werde gekämpft.
»Aha, in Afrika muß Botswana liegen!« schloß Annette aus meinen Erklärungen. Grob gesagt: Die Kalahari-Wüste nördlich von Südafrika ist Botswana. In letzter Zeit wurde dieses Land durch die Fernsehsendungen über die Okavango-Sümpfe etwas bekannter. Davon möchten wir aber nicht berichten; wir wollen erzählen, wie es uns als Familie mit unserer damals acht Monate alten Tochter Ann-Kathrin während unseres sechswöchigen Aufenthalts in Botswana erging.
Wie es zu dieser Reise kam? Schon einige Jahre bevor ich anfing, Medizin zu studieren, trug ich mich mit dem Gedanken, Missionsarzt zu werden. Deshalb wollte ich während des Studiums einige Monate in einem Entwicklungsland verbringen, miterleben, wie es im »tiefen« Afrika in einem »Buschkrankenhaus« zugeht, und gelangte so nach Botswana. Dort machte ich 1988/89 ein dreimonatiges Praktikum in einem Missionskrankenhaus.
Botswana ist ein Entwicklungsland im wahrsten Sinne des Wortes: Es entwickelt sich rasend schnell. Relativ viele Menschen kommen zu bescheidenem Wohlstand. Als Europäer lebt man problemlos seinen europäischen Lebensstil, zumindest im Großraum der Hauptstadt Gaborone. Die Krankenhäuser, die ich sah, waren gut ausgestattet, nahezu alle wich-

tigen Medikamente waren stets vorhanden. So behielt ich Botswana in guter Erinnerung.
Annette und ich lernten uns ein gutes halbes Jahr nach diesem Aufenthalt kennen. Sie ist von Beruf Krankenschwester, und ich erzählte ihr oft von Botswana und schwärmte davon, längere Zeit in einem solchen Land zu arbeiten. Annette konnte diese Begeisterung nicht nachvollziehen, war sie doch noch nie länger als zwei Wochen an einem Stück im Ausland gewesen. Um auch ihr eine Vorstellung vom Leben in einem Entwicklungsland zu geben, erwogen wir einen Kurzzeiteinsatz, zum Beispiel in Botswana; denn dorthin konnte ich guten Gewissens auch Frau und Kind mitnehmen.
Damit waren unsere theoretischen Grundsatzüberlegungen abgeschlossen, und wir wandten uns beruhigt dem Alltag zu. Wer sollte schon Interesse daran haben, daß wir dort wenige Wochen arbeiteten? Von »Lückenbüßern« hatten wir noch nichts gehört.
Genau zwei Wochen später kam das entscheidende Telefongespräch. Wir wollten uns nur für unser Hochzeitsgeschenk bedanken, und da passierte es: Ich wurde vom Deutschen Missionsärzteteam gefragt, ob ich nicht jemanden wüßte, der sechs Wochen Urlaubsvertretung in Botswana machen könnte.
Binnen 24 Stunden entschlossen wir uns, diese Gelegenheit wahrzunehmen. Nach einer Woche waren alle wichtigen Dinge geregelt: Urlaub, Flugtickets, Zustimmung des dortigen Krankenhauses und Übersetzung der Papiere. Diese faxten wir direkt dorthin.
Bei unseren Vorbereitungen überlegten wir auch, wie sich unser Tagesablauf vermutlich gestalten würde und mit welchen Schwierigkeiten wir zu rechnen hätten. Würde sich Annette genauso wohlfühlen wie ich vier Jahre zuvor? Sollte sie im Krankenhaus mitarbeiten? Wer würde sich dann um Ann-Kathrin kümmern? Es wäre sicher kein Problem, ein Kindermädchen anzustellen. Ann-Kathrin mit ihren acht Monaten fremdelte jedoch, so daß wir ihr die stundenweise Trennung

von Annette nicht zumuten wollten. Also verwarfen wir die Idee der Mitarbeit im Krankenhaus. Aber würde es Annette dann im Lauf des Tages nicht langweilig werden? Und wie würde Ann-Kathrin diese Zeit verkraften? Alles Fragen, die wir im voraus nicht beantworten konnten.

Annette erzählt:
Am 15. Dezember 1992 reisten wir ab. Schon eine Stunde nach dem Abflug begannen die ersten Schwierigkeiten. Ich hatte Ann-Kathrin bis dahin noch einmal pro Tag gestillt, um ihr auch in Afrika die Möglichkeit zu geben, ihren Durst zu löschen. Ernährt wurde sie schon mit Brei. Am Abflugtag beschloß Ann-Kathrin, kein Säugling mehr zu sein. Ohne Vorankündigung verweigerte sie die Brust der Mutter endgültig.
In Harare/Zimbabwe hatten wir fünf Stunden Aufenthalt bis zum Anschlußflug nach Gaborone. Hier kamen schon die nächsten Probleme: Ann-Kathrin erbrach ihr gesamtes Mittagessen. Den Flüssigkeitsverlust wollten wir mit gesüßtem Tee und etwas Salz darin ersetzen, denn so empfehlen es die einschlägigen Lehrbücher für Medizin in Entwicklungsländern. Ann-Kathrin verweigerte dieses ungenießbare Getränk. Wie sollte es mit dem Essen weitergehen? Wir hatten keine Milch für sie dabei.
Bei Anbruch der Dunkelheit erreichten wir Mochudi. Unser Häuschen mit seinem ungepflegten Garten lag innerhalb des Krankenhausgeländes. Die Wohnung bestand aus Wohnzimmer, Schlafzimmer, Küche und Bad. Alle Räume waren einfach eingerichtet. Jens sah das alles etwas anders. Er empfand die Einrichtung als gut. Es gab sogar fließendes Wasser und elektrisches Licht, ein sicherer Beweis dafür, daß diese Wohnung zu den oberen fünf Prozent der Bevölkerung gehörte. Otto Normalverbraucher holt sein Wasser am Dorfwasserhahn. Ja, in Botswana läuft das Wasser aus dem Wasserhahn, man muß es nicht im Brunnen schöpfen. Aber ich zog eben deutsche Wohnungen zum Vergleich heran.

Die Fenster waren zum Schutz vor Einbrechern von außen vergittert, innen waren sie zum Teil mit Fliegengittern versehen. In der Küche stand ungespültes Geschirr herum, denn der Vormieter hatte das Haus erst an unserem Ankunftstag verlassen. Fälschlicherweise machte alles auf mich den Eindruck, als sei das Haus schon lange nicht mehr bewohnt worden. Ich fühlte mich nicht wohl, es war mir zum Heulen zumute. Alle Freunde und Verwandten waren so weit entfernt! »Ich will heim!« waren meine ersten Worte, als wir unser neues Domizil betraten. Ann-Kathrin fand das Ganze übrigens erneut zum...

Als dann an diesem Abend eine Kakerlake aus meinen frischgewaschenen Jeans herausschlüpfte und eine große, dicke, fette Spinne mich von der Wand anglotzte, war ich vollends am Ende. Ich war sehr froh, daß Jens bei mir war und mich in die Arme nahm. Aber konnte er meine Reaktion überhaupt nachvollziehen? Verstand er mich? Ich glaube nicht, hatte er doch Freudentränen in den Augen gehabt, als wir im Landeanflug auf Gaborone waren.

Das Einschlafen fiel uns beiden an diesem Abend nicht leicht. Zuviel Erlebtes ging uns durch den Kopf. Ebenso viele Schnaken schwirrten um uns herum, und die Frösche quakten laut. Ann-Kathrin schlief normalerweise immer durch; da aber im Haus die Temperaturen nicht unter 30 Grad Celsius sanken, mußten wir ihr jede Nacht zweimal zu trinken geben.

Am ersten Vormittag mußte Jens noch nicht arbeiten; wir wollten Besorgungen und Behördengänge erledigen. So machten wir uns das Frühstück zurecht, nachdem ich aus Angst vor Spinnen und Kakerlaken in alle Ecken des Hauses geschaut hatte. Wir frühstückten auf der Terrasse. Diese nutzten wir, wenn möglich, zu jeder Mahlzeit. Eigentlich war sie tagsüber unser Dreh- und Angelpunkt, abends spielte sich das Leben in der Wohnung ab, aus der wir die Schnaken verbannen konnten.

Ursula, eine deutsche Ärztin, holte uns nach dem Frühstück ab und fuhr mit uns zur Bank. Drinnen und draußen warteten die Leute in einer langen Schlange. Die Bankangestellten verrichteten mit größter Seelenruhe ihre Arbeit, einer Ruhe, die wir auch bei vielen anderen beobachten konnten, denn Eile kennt man in Botswana nicht.

Nun konnte es ans Einkaufen gehen. Die meisten Lebensmittel wurden aus Südafrika importiert, manches aus Zimbabwe. Von den Preisen waren wir einigermaßen überrascht: Fast alles kostete genausoviel wie in Deutschland oder sogar mehr. Nur Hirse, das Hauptnahrungsmittel, war billiger.

Wieder »zu Hause«, inspizierte ich die Küche genauer. Sie war spärlich eingerichtet, aber doch mit dem Notwendigsten ausgestattet. Jens sah das mal wieder anders, ihm schwebten eher die offenen Feuerstellen in den Rundhütten vor. Es gab unter anderem einen Toaster und einen Kühlschrank mit Eisfach. Außerdem gab es Ameisen. Sie freuten sich über alle herumliegenden Brösel. Wir hingegen freuten uns über einen Besen, mit dem wir mehrmals täglich die Wohnung auskehrten, damit nicht alles mit feinem Sand überzogen wurde. Im Bad hatten wir Toilette, Badewanne und Waschbecken, alles mit fließendem Wasser. Heißes Wasser gab es nur bei Sonnenschein, denn hinter dem Haus stand ein großes Wasserfaß, das von der Sonne erwärmt wurde. Im Wohnzimmer erfreuten wir uns an einer dreiteiligen Sitzgruppe, Tisch und Stuhl. An einer Wand hing ein großes Regal, das von Unrat überquoll, aber mit einem Vorhang verdeckt war. Wir hatten mit vielem gerechnet, aber daß wir ein drahtloses Telefon hatten, überraschte uns. Es begleitete uns durchs ganze Haus und auf die Terrasse. So war Jens stets erreichbar.

Ich war sehr froh, daß Jens erst am Nachmittag für einige Stunden ins Krankenhaus mußte. So war ich nicht allzu lange allein. Mit Ann-Kathrin war in diesem Alter nicht übermäßig viel anzufangen, obwohl sie mich beschäftigen konnte und genau wußte, wie sie das anstellen mußte. Leider konnte sie mir noch keine Antwort geben. Außerdem

fühlte ich mich nicht wohl. Der Vorabend steckte mir noch ganz schön in den Knochen. Die ersten Stunden ohne Jens vergingen problemlos, besser gesagt: ohne »Haustiere«.
Es kam die zweite Nacht. Natürlich hatte ich wieder Angst vor Kakerlaken, die nachts aktiv sind, begegnete an diesem Abend jedoch keiner. Wir schliefen nun unter den mitgebrachten Moskitonetzen.
Mitten in der Nacht läutete das Telefon. Jens nahm ab: »Wer ist am Apparat? Wie bitte, Notfall-Kaiserschnitt? Ja, ich komme sofort und mache die Narkose.« Schon schlüpfte er in seine Kleider und verschwand in der Dunkelheit. Ich fühlte mich auf einmal sehr unsicher. Die Angst kam tief aus dem Unterbewußtsein heraufgekrochen. Ich fürchtete mich vor den unbekannten Geräuschen der Nacht. Zudem spürte ich in meinem Bauch plötzlich ein unaufhörliches Rumoren und den unwiderstehlichen Drang, auf die Toilette zu gehen. Natürlich hielt ich Ausschau nach Kakerlaken und Spinnen, doch zum Glück ließen sich keine blicken. Ich war heilfroh, als Jens zwei Stunden später wieder da war.
Am nächsten Morgen fing Jens mit seiner regulären Arbeit an. So verbrachten Ann-Kathrin und ich den Vormittag ohne ihn. Ich kümmerte mich, so gut es ging, um unser Häuschen, spülte das Geschirr, räumte auf, kehrte den Sand hinaus, der gleich wieder da war, und wusch die schmutzige Wäsche von Hand in der Badewanne. Dabei dachte ich an meine Mutter, die bis in die sechziger Jahre die ganze Wäsche von Hand waschen mußte. Wie einfach hatte ich es in Deutschland mit der Waschmaschine! Die nasse Wäsche trocknete schnell, denn fast jeden Tag gab es 40 Grad im Schatten.
Jens kam am Vormittag zur Teepause nach Hause, für mich eine willkommene Abwechslung. Um 13 Uhr war es Zeit fürs Mittagessen. Ann-Kathrin aß problemlos das gleiche wie wir.
Das erste Wochenende hatte Jens frei. Am Sonntag nahm uns Steve mit in den Gottesdienst der Open Baptist Church in Gaborone; es war etwa 45 Minuten Autofahrt. Dort lernten

wir eine süddeutsche Familie mit vier Kindern kennen. Sie waren einige Monate vorher als Mitarbeiter der CBM (Christoffel-Blindenmission) nach Botswana gekommen. Ich freute mich, einmal wieder ausgiebig deutsch sprechen zu können. Im Krankenhaus wurde englisch gesprochen, und das konnte ich nur sehr schlecht. Deshalb sprach ich wenig, und es fehlte mir an Unterhaltung. Den neuen Freunden Christa und Günter schüttete ich mein Herz aus und gestand ihnen meine Verzweiflung und Traurigkeit. Die größte Freude an diesem Tag war, daß sie uns zum Mittagessen in ihr Heim in Gaborone einluden. Diese Stunden waren für uns eine echte Erholung. Sie wohnten in einem Haus europäischen Stils, eingerichtet mit Ikea-Möbeln. Hier fühlte ich mich richtig wohl. Wir aßen zusammen und erzählten einander von unseren Erlebnissen. Ich erfuhr, daß es Christa jedes Mal, wenn sie ins Ausland zogen, ähnlich ergangen ist. Selbst jetzt bei ihrem dritten Auslandsaufenthalt fiel es ihr schwer, sich auf das neue Leben einzustellen. So wußte ich nun, daß andere auch mit Schwierigkeiten zu kämpfen hatten. Das machte mir Mut, in Mochudi wieder neu zu beginnen.
Als wir in unsere Wohnung zurückkamen, traf uns fast der Schlag: In der Küche und im Schlafzimmer lagen Orangenschalen und Exkremente auf dem Boden, Mehl und Grieß waren aufgerissen, die Fenster waren weiter geöffnet, als wir sie am Morgen hinterlassen hatten. Das sah ganz nach tierischem Besuch aus. War es etwa eine Katze, die es sich in unserem Haus bequem gemacht hatte?
Am nächsten Vormittag löste sich das Rätsel. Ich hatte mit Ann-Kathrin das Haus verlassen, um zu Jens ins Krankenhaus zu gehen. Als wir zurückkamen, huschte etwas Katzenähnliches aus dem Haus. Bei näherem Hinsehen merkte ich, daß es zwar auch einen Schwanz und vier Beine hatte, aber eine Meerkatze war. Und noch einige dazu! Im Haus hatten sie wieder Dreck hinterlassen. Beim Aufräumen sah ich, daß sie sogar über die Kartoffeln gepinkelt hatten! Oh, wie gerne wäre ich nach Deutschland zurückgegangen!

Am nächsten Vormittag war das Maß voll. Ich wollte gerade das Geschirr spülen – saß da doch eine Spinne darin! Nun wurde ich hysterisch, packte Ann-Kathrin und rannte hinaus. Nicht eine Minute länger wollte ich in diesem Hause bleiben, geschweige denn es noch einmal betreten! Aufgeregt langte ich im Krankenhaus an, fand Jens bei der Arbeit und verlangte nach einer Lösung. Jens rief bei der deutschen Familie in Gaborone an und vereinbarte, daß ich einige Tage zu ihnen kommen könnte. Damit war ich einverstanden.
Jens blieb über das Weihnachtsfest in Mochudi, weil er Dienst hatte, ich war mit Ann-Kathrin in Gaborone. Frohe Weihnachten! In diesen Tagen führte ich viele Gespräche mit Christa und Günter. Sie konnten einiges klären und neue Hilfen geben (zum Beispiel Doom-Spray gegen Insekten). Jens holte mich ab, und wir kehrten als ganze Familie nach Mochudi zurück.
Hier begann nun ein ruhigeres Leben. Wir suchten nach sinnvoller Beschäftigung für mich und fanden eine Arbeit, die mit stundenlangem Tapetenwechsel verbunden war: Ich brachte die medizinische Loseblattsammlung des englischen Augenarztes in Ordnung und kam dabei in ein anderes Haus, das auf mich um einiges heimeliger wirkte. Ich versuchte, unser Haus etwas auf Vordermann zu bringen, was sich aber als sehr schwierig erwies. Mit großer Aufmerksamkeit sortierte ich den Unrat auf dem Regal im Wohnzimmer: Medikamente und andere medizinische Dinge, alles aus Deutschland. Vieles konnten wir für das Krankenhaus brauchen, einige Medikamente waren leider zu alt und mußten entsorgt werden, das heißt ich warf sie in die offene Mülltonne. Dann erstellte ich für das Krankenhaus die Operationsstatistik, wobei Strichezählen gefragt war. Diese Arbeit bereitete mir einiges Kopfzerbrechen, weil den Schwestern auch Fehlzählungen unterlaufen waren. Wenn es möglich war, begleitete ich Jens auf seinen Visiten oder Rundgängen, teils mit, teils ohne Ann-Kathrin. Was mich tagelang beschäftigte, war das Schreiben des Rundbriefes für sehr viele Verwandte und Freunde. Mit

dieser Beschäftigungsstrategie verbesserte sich meine Laune. Ich fühlte mich wohler und war vor allem besser ausgelastet.
Die Tiere innerhalb und außerhalb des Hauses nahmen mich und ich auch sie nicht mehr so ernst. Große Spinnen wollten mir nicht mehr begegnen, worüber ich nicht traurig war, kleine wurden sogar Haustiere. Eine nannten wir Thekla. Sie bekam mit der Zeit einen großen Bruder, der unseren Aufenthalt nicht überlebte, und eine kleine Schwester. Bei den Kakerlaken war ich froh, das Doom-Spray benutzen zu können oder den Besenstiel für diese zähen Tiere. Und die Affen blieben draußen. Nur die Ameisen ließen sich das Haus nicht verbieten. Dreimal hatten wir auch Skorpione in der Wohnung, wurden aber zum Glück nicht gestochen. Am meisten half mir das Wissen, daß wir nach einer begrenzten Zeit dieses Land wieder verlassen würden, daß ich nicht für länger in Botswana bleiben mußte und auch wieder einmal »normales« Wetter erleben würde.

Jens berichtet vom Krankenhaus:
Es ist ein Missionskrankenhaus der Holländisch-Reformierten Kirche und verfügt über 120 Betten und eine Ambulanz. Der stationäre Bereich gliedert sich in Innere, Chirurgie, Geburtshilfe und Kinderheilkunde. Mit mir waren wir drei Ärzte; ein Arzt und eine Ärztin waren gerade im Urlaub.
Der Arbeitstag begann um 7 Uhr mit dem Bericht der leitenden Nachtschwester über ambulante Patienten, stationäre Zugänge und Entlassungen während der Nacht. Danach besprach sich das Ärzteteam untereinander. Anschließend gingen wir, wenn es zeitlich möglich war, in die von den Schwestern gestaltete Morgenandacht. Es war für uns kein Problem, die Lieder mitzusingen. Die Sprache wurde von einem Deutschen erforscht und in Schriftform gebracht, so daß Setswana so ausgesprochen wird, wie wir im Deutschen die Worte buchstabieren würden. Die Melodien sind aus dem deutschen Kirchengesangbuch wohlbekannt, der Inhalt

ebenfalls, weil die Texte möglichst genau übersetzt wurden.
Nach der Andacht führten wir auf Station die Visite durch und bemühten uns, bis 10 Uhr damit fertig zu sein, weil dann die Ambulanz begann.
Auf der Inneren Abteilung lagen stets Patienten mit AIDS. Besonders in Erinnerung blieb mir ein 14jähriges Mädchen im Endstadium von AIDS. Drei Monate zuvor war ihr neun Monate altes Baby gestorben, vermutlich an AIDS. Unschwer läßt sich ausrechnen, in welchem Alter sie schwanger wurde. Das war auch in Botswana ungewöhnlich. Üblich war, mit 18 oder 19 Jahren das erste Kind zu bekommen. Das zieht aber nicht unbedingt eine Eheschließung nach sich; die meisten Frauen heiraten erst nach drei oder vier Geburten.
Zeitweise war es schwierig, Blutkonserven zu bekommen. Jede Konserve wurde auf AIDS getestet, das Ergebnis wurde den Spendern selbstverständlich mitgeteilt. Diese wollten es freilich oftmals gar nicht wissen. So wurde immer weniger Blut gespendet. Eine Patientin konnten wir aus diesem Grund nicht mehr transfundieren. Am nächsten Tag war sie tot.
Offiziell beginnt um 9.30 Uhr eine halbstündige Teepause. In der Anfangszeit kürzte ich die Pause oft ab oder verzichtete darauf, um pünktlich um 10 Uhr in der Ambulanz zu sein. Dort mußte ich feststellen, daß die Ambulanzschwestern oftmals noch bei der Teepause waren. Sie konnten aus dienstlichen Gründen nicht um 9.30 Uhr unterbrechen und holten die Zeit nach. Recht schnell erkannte ich, daß ich offensichtlich der einzige im Krankenhaus war, der auf die Teepause verzichtete. Von da an paßte ich mich den Gepflogenheiten an und erschien gelegentlich verspätet in der Ambulanz. Auf die Frage, warum ich so spät käme, erklärte ich, in meiner Teepause gewesen zu sein, wofür jeder Verständnis hatte. Die Patienten warteten eben noch eine halbe Stunde länger. Viele von ihnen waren schon seit 7 Uhr da und warteten geduldig.
Die anfallende Arbeit wäre nicht zu bewältigen gewesen,

wenn nicht die einheimischen Schwestern einen Großteil der ambulanten Patienten völlig selbständig behandelt hätten. Ebenso selbständig arbeiteten die Hebammen, die z. B. Dammschnitte völlig allein versorgten.
So sahen wir nur Problemfälle. Ein solcher war ein Patient mit einer schmerzlosen Blutbeimengung im Urin. Blitzschnell erinnerte ich mich an meine Urologievorlesung. Als ob es gestern gewesen wäre, stand mir jener Professor vor Augen, der uns einschärfte: Bei jeder schmerzlosen Hämaturie muß sofort ein Nierenkrebs ausgeschlossen werden. Umgehend wollte ich eine Röntgenaufnahme der Niere mit Kontrastmittel (Urogramm) anordnen, wofür unsere Klinik tatsächlich ausgestattet war, da meinte die Dolmetscherin kühl: »Versuchen Sie es doch zuerst einmal mit Tabletten gegen Bilharziose!« Der »Nierentumor« war somit geheilt.
Jeden Mittwoch war Operationstag, doch große Operationen wurden in jener Zeit nicht durchgeführt. Zwei Gynäkologen waren wenige Monate vorher überraschend in die Heimat zurückgekehrt; so stand die gesamte Anlage für endoskopische Operationen ungenutzt herum, denn keiner der Allgemeinärzte konnte damit umgehen. Überhaupt war mein Eindruck, daß in unserem Krankenhaus der limitierende Faktor bei der Behandlung nicht die technische Ausstattung war, sondern das Wissen und Können des Personals. Die ständig anwesenden Ärzte freuten sich deshalb sehr, auch einmal einen Anästhesisten da zu haben, hatten sie doch Narkoseführung nur von Ärzten gelernt, die auch keine Anästhesisten waren. Bei den internen Fortbildungen vermittelte ich ihnen wichtige praktische Details. Das bestärkte mich in meiner Ansicht, daß es auch für Distriktkrankenhäuser in Entwicklungsländern sehr wertvoll ist, für begrenzte Zeit Spezialisten da zu haben. Günstig wäre zum Beispiel, wenn einmal ein Radiologe käme, der die Röntgenanlage in Augenschein nehmen und wertvolle Tips geben könnte. Wichtig ist natürlich, daß er überwiegend als Allgemeinarzt arbeiten würde.
Doch zurück in den Operationssaal. Es war jammerschade,

daß nur kleine Operationen durchgeführt wurden, wenn schon einmal ein Anästhesist zur Stelle war. Die anderen Ärzte waren aber doch sehr froh, daß ich da war. So konnten sie sich erstmals ganz auf die Operation konzentrieren und mußten nicht mit einem Auge und einem Ohr gleichzeitig bei der Narkose sein. Diese wurde von einer Schwester überwacht, die keinerlei Ausbildung in Anästhesie hatte. Mittlerweile arbeitet dort aber ein ausgebildeter Anästhesiepfleger.

In mancherlei Dingen war ich mit meinen Narkosen nicht ganz zufrieden. Die Schwestern konnten das nicht begreifen. Sie meinten: »Wir wissen gar nicht, was Sie wollen. Ihre Narkosen sind doch sehr gut. Die Patienten schreien überhaupt nicht.«

»Oho«, dachte ich, »anscheinend ist das hier nicht immer so!« Und in der Tat erzählte einer der Kollegen mehr davon: Viele kleinere Operationen werden ambulant durchgeführt. Die einbestellten Patienten warten draußen auf einer Bank. Einer nach dem anderen wird in den Operationssaal gerufen. Die meisten Narkosen werden mit Ketanest durchgeführt. Das ist an sich ein hervorragendes Anästhetikum, verursacht aber dummerweise unangenehme Alpträume, so daß die Patienten – gut hörbar für alle Wartenden – laut stöhnen und schreien. Bei einem Patienten war es besonders schlimm. Nach der Operation wurde wie üblich die Tür aufgemacht: »Der nächste, bitte!« Doch die Patientenbank war leer. So endete jener Operationstag vorzeitig.

Narkosen bei Kaiserschnitt sind besonders gefährlich. Deshalb wurde ich auch nachts dazu gerufen, selbst wenn ich keinen Dienst hatte. Da ich jede dritte Nacht sowieso Nachtdienst machen mußte und zwischendurch auch gerufen wurde, war es insgesamt eine sehr anstrengende Zeit. Annette hatte am Anfang jedesmal Angst, wenn sie nachts mit unserer Tochter allein im Haus bleiben mußte.

Überhaupt haben mich die Nachtdienste psychisch stark belastet. Wenn ich gerufen wurde, war die Meldung meist unge-

nau, so daß ich nicht einschätzen konnte, wie dringlich mein Kommen war. Das einzige, was ich wußte, war, daß lebensrettende Sofortmaßnahmen von den Schwestern nicht durchgeführt und wahrscheinlich auch nicht beherrscht wurden. Praktisch jede Woche reanimierten wir, stets erfolglos. Es gab aber auch Patienten, bei denen ich überhaupt nicht mit Wiederbelebungsmaßnahmen anfing, zum Beispiel bei einem fünfjährigen Mädchen. Es lag mit einer schweren Lungenentzündung auf der Kinderstation. Trotz Sauerstoffgabe kam es zu einem Herz-Kreislaufstillstand. Mir war klar: Selbst wenn die Wiederbelebungsmaßnahmnen erfolgreich sein sollten, konnten wir die Ursache nicht behandeln, weil wir kein Beatmungsgerät hatten. Es wäre also nur eine Frage kürzester Zeit gewesen, bis das Kind wieder nicht mehr geatmet hätte.
Soviel von der Arbeit. Wir bekamen einen Eindruck vom Leben und Arbeiten in Botswana. Und doch gab es Ereignisse, die mich fragen ließen, ob ich geeignet bin, in einem Land wie Botswana zu arbeiten. Im Krankenhaus war ich als Stationsarzt tätig und übernahm die Inneren Stationen. In Deutschland arbeite ich in der Anästhesie. So bin ich gewohnt, daß meine Anordnungen sofort ausgeführt werden, insbesondere in kritischen Situationen, wie zum Beispiel bei einem Patienten im Coma Diabeticum. Dies brachte mir den Ruf ein, diktatorisch zu sein. Die einheimischen Schwestern sind gewohnt, daß Therapiepläne mit ihnen durchgesprochen werden und ihre Ansichten Gehör finden. Dadurch wurde die Therapie bei dem genannten Patienten nach europäischen Vorstellungen verzögert begonnen. Bei der großen Anzahl von Patienten mußten die Schwestern die Verlaufsbeobachtung vornehmen und bei Zustandsverschlechterung den Arzt informieren. Wenn dies nicht geschah, verschlechterte sich die Prognose erheblich. Am Wochenende kam es bei diesem Patienten zu Informationslücken. Am Montagmorgen war die Prognose infaust. Ob er heute noch leben könnte, bleibt dahingestellt. Besonders bedrückt mich der Gedanke, daß ich seiner Ehefrau am vorhergehenden Freitag versichert hatte,

eine Verlegung in die Hauptstadt sei nicht notwendig, weil wir diese Erkrankung ebenso gut behandeln könnten.
Nach den sechs Wochen in Botswana fuhren wir mit gemischten Gefühlen wieder nach Hause. Annette empfand Erleichterung und Freude, aber auch Wehmut.
Es war eine sehr lehrreiche Zeit für jeden von uns. Wir wissen jetzt ungefähr, welche Probleme es bei einem längeren Einsatz geben könnte und worauf wir bei der Planung achten sollten.
Die geringsten Schwierigkeiten gab es mit Ann-Kathrin, außer daß wir ihren großen Hunger zu stillen hatten. Alles andere ergab sich mit ihr von selbst.

Auf Tod und Leben
Ein Ferieneinsatz in Liberia/Westafrika
Gerhard Dollinger

Wieder einmal war ein Hilferuf an mich ergangen, als Lückenbüßer an einem Hospital in Liberia einzuspringen, das ohne chirurgischen Facharzt war, da der seitherige zu einer Operation in die Heimat geschickt worden war.
Das Krankenhaus, an dem ich aushelfen sollte, war von amerikanischen Missionen gegründet worden und bis vor einem Jahr mit amerikanischem Personal besetzt gewesen. Als es dann genügend einheimisches qualifiziertes Pflegepersonal gab, hatte man es der liberianischen Methodistenkirche übergeben, was, wie sich herausstellen sollte, ein verhängnisvoller Fehler war.
Es lag tief im Urwald. Man hatte mir geschrieben, meine Vertretung falle in die Regenperiode, während der fast alle Straßen unpassierbar seien. Am Hospital sei aber ein kleines Flugzeug stationiert, das die Patienten in dringenden Fällen ins Krankenhaus hole. So nahm ich meinen dritten Sohn Malte mit, der damals gerade seinen Flugschein gemacht hatte und von dieser Möglichkeit, seine neuerworbenen Fähigkeiten zu beweisen, begeistert war.

Als wir in der Hauptstadt Monrovia landeten und kaum das Flugzeug verlassen hatten, bekamen wir gleich einen Vorgeschmack von dem, was man in Westafrika unter Regenzeit versteht. Es prasselten solche Wasserfluten vom Himmel herunter, daß man gar nicht den Eindruck eines Regens hatte, sondern glaubte, ganze Kübel würden über einem ausgeleert. Dies sei der erste Regen dieser Periode, sagte man uns. Nachdem der erste Guß vorüber war, bestiegen wir die kleine einmotorige Maschine, die uns ins Landesinnere bringen sollte.

Bisher hatte ich bei meinen Einsätzen an vielen Orten noch nie einen richtigen Urwald erlebt. Zwar Wildnis genug, aber es war immer Busch gewesen. Hier jedoch ragten Bäume in den Himmel, die so hoch waren, wie ich es mir nie hätte träumen lassen. Die ganze Missionsstation – wie üblich eine Art Dorf, bestehend aus Krankenhaus, Schulen, Werkstätten, Internaten, Wohnhäusern für die Missionsarbeiter und Kirche – war mitten in den Urwald gebaut. Man hatte alle Bäume stehen lassen und nur das Unterholz entfernt, um da die Gebäude zu errichten, die auf diese Weise im tiefsten Schatten lagen – sicherlich ein Vorteil bei der enormen Hitze.

Von allen afrikanischen Staaten, die ich bis dahin kennengelernt hatte, ist Liberia am weitesten entwickelt. Dies liegt in seiner Geschichte begründet. Um die Mitte des 19. Jahrhunderts war der amerikanische Präsident Monroe auf die Idee gekommen, man könne das Negerproblem in den Vereinigten Staaten nach der Abschaffung der Sklaverei am besten dadurch lösen, daß man alle Schwarzen wieder dahin zurückbrächte, woher sie gekommen waren: nach Afrika. Er sammelte Geld und erließ einen Aufruf, wer von den Schwarzen sich freiwillig melde, bekomme freie Überfahrt und ein Aufgeld zum Neubeginn in Afrika. Tatsächlich kamen auch einige Schiffe voll zusammen, die wohlausgerüstet mit allem notwendigen Pioniergerät in See stachen, um in Afrika ein Land für die Ansiedlung zu suchen. Zu jenem Zeitpunkt gab es an der ganzen Westküste Afrikas kein freies Fleckchen

Erde mehr, das noch nicht im Besitz einer Kolonialmacht war, außer dem kleinen, schmalen Landstrich, der sich heute Liberia nennt. Dort lud man die »Amero-Africans« aus, und diese mußten sich ihr zukünftiges Heimatland regelrecht erobern, indem sie die ansässige einheimische Bevölkerung von ihrem Land vertrieben und ins Innere jagten.
Ein Staatswesen wurde gegründet, und weil es das einzige Nicht-Kolonialland war, erhielt es den Namen »Liberia« (Freiheit). Die Hauptstadt wurde nach dem Initiator »Monrovia« benannt.
Natürlich standen die aus den USA gekommenen Menschen auf einer ganz anderen Zivilisationsstufe als die Eingeborenen. Sie hatten Schulen besucht und Berufe erlernt und verfügten über alles zur Ansiedlung notwendige Gerät. Es dauerte nicht lange, da spielte sich der gleiche Prozeß ab wie zuvor in den USA: Man brauchte billige Arbeiter für die Schwerarbeit, und so zog man die Eingeborenenbevölkerung heran und ließ sie für sich arbeiten, so daß sie praktisch die Rolle übernahm, die die Sklaven in den USA vor der Befreiung gespielt hatten. Im Lauf von hundert Jahren bildete sich so eine Herrscherkaste heraus, eben die Nachkommen der eingewanderten Amero-Africans, wie sie bis auf den heutigen Tag genannt werden. Wenige Großfamilien beherrschten das ganze Land und hatten alle Schlüsselstellungen in der Regierung und Verwaltung inne. Die Gebildetenschicht rekrutierte sich fast ausschließlich aus ihnen, und sogar die Geistlichkeit der meist methodistischen oder baptistischen Kirchen war amero-afrikanischen Ursprungs. Man hatte den US-Dollar als Landeswährung behalten, alle Schulen, Colleges und Universitäten waren naturgetreu nach amerikanischem Vorbild aufgebaut und organisiert, und wenn man die Kirchen sah, fragte man sich, ob man in Afrika oder in den USA war. Alle Examina, die an der Universität von Monrovia abgelegt wurden, hatten in den USA volle Gültigkeit.
Nach meinen früheren Einsätzen in afrikanischen Ländern fand ich in Liberia zum ersten Mal voll ausgebildetes Kran-

kenhauspersonal vor. Alle Schwestern und Pfleger hatten ihre zwölf Jahre High School und vier Jahre Nursing-Studium absolviert und waren »registered nurses«, also international anerkannt. Sie waren von Kopf bis Fuß, einschließlich Strümpfen und Schuhen, strahlend weiß gekleidet, zogen jeden Tag frisch gewaschene Uniformen an und trugen die Nase hoch zum Himmel erhoben. Über jede Art von körperlicher Arbeit fühlten sie sich weit erhaben; mit umgehängtem Stethoskop und der Patientenmappe unter dem Arm stolzierten sie durchs Gelände. Für jeden neu aufgenommenen Patienten wurden nicht weniger als sieben Formblätter angelegt – Papierkrieg, Papierkrieg!

Die Regierung hatte ein Gesetz erlassen, daß alle Positionen, für die qualifiziertes einheimisches Personal zur Verfügung stand, von diesem besetzt werden müßten und die seitherigen ausländischen Fachkräfte, seien sie nun aus den USA oder aus Europa, nach Hause zu gehen hätten. Dieses Gesetz war dem Sinn nach nur logisch, denn Entwicklungshilfe besteht ja eben darin, Hilfe zur Selbsthilfe zu geben. So war dieses von amerikanischen methodistischen Missionen gegründete Krankenhaus samt Verwaltung und allem, wie erwähnt, vor etwas mehr als Jahresfrist in die Hände der Einheimischen übergeben worden, ebenso die übrige Missionsstation mit all ihren Institutionen, Schulen, Lehrwerkstätten usw.

Das Krankenhaus war mit allem ausgestattet, was zu einem modernen Krankenhaus bei uns oder in den USA gehört. Es fehlte an nichts – nur war leider fast alles unbrauchbar. Niemand konnte mit den kostspieligen Geräten umgehen, niemand konnte sie reparieren. Solange amerikanische Ärzte da arbeiteten, hatten sie einfach an ihre Heimatgemeinden geschrieben, sie brauchten dies und das, und man hatte es ihnen geschickt. Nun war kein Weißer mehr da, und es gab keinen Nachschub mehr. Zwei amerikanische Nurses, die schon 15 Jahre da waren und früher das Krankenhaus geleitet hatten, durften es jetzt nicht einmal mehr betreten. Sie waren ausschließlich nur noch zur Schwesternausbildung zugelassen

und sollten im nächsten Jahr, wenn eine einheimische Lehrschwester zur Verfügung stünde, heimgeschickt werden.
Die Sauberkeit des Krankenhauses stand in krassem Gegensatz zu dem untadeligen Weiß der Schwestern und Pfleger. Keine Dusche, kein WC funktionierte mehr, so daß die Patienten ihre »Geschäfte« rund ums Krankenhaus im Park verrichten mußten. Alle Türgriffe waren so dreckig und spekkig, daß man sie lieber mit dem Ellbogen betätigte. Auf die Frage, warum sie nicht für mehr Sauberkeit sorgten, bekam man von den Schwestern die stereotype Antwort: »That's not our business« – Das ist nicht unsere Aufgabe. Wer dann dafür zuständig sei? Die Verwaltung. Warum sie sich nicht beschwerten? Das hätten sie schon so oft getan, ohne daß etwas erfolgt sei, und so hätten sie es aufgegeben. Am meisten regten sich die drei afrikanischen Assistenzärzte darüber auf, und mehr als einmal hörte ich bei der Visite: »That's a filthy hospital, it's a shame for Africa!« (Das ist ein schmutziges Krankenhaus, es ist eine Schande für Afrika.) Als mir die wiederholte Antwort »Das ist nicht unsere Aufgabe« auf die Nerven ging, fauchte ich die diensthabende Nurse an: »But it's your business to look that this room is clean. If you don't want to clean it yourself, get somebody who does it. Tomorrow I want this room clean and the shower functioning, you got it?« (Aber es ist Ihre Aufgabe, dafür zu sorgen, daß dieser Raum sauber ist. Wenn Sie es nicht selber tun wollen, dann sehen Sie zu, daß Sie jemand anderen herkriegen, der ihn saubermacht. Ich will, daß morgen dieser Raum sauber ist und daß die Dusche funktioniert, haben Sie mich verstanden?) Und siehe da, es klappte.
Eine weitere Schwierigkeit bestand darin, daß das Krankenhaus sich nun selber unterhalten mußte, weil es von keiner Stelle mehr subventioniert wurde, weder von der Mission noch von der Regierung. Das ist weder bei uns noch in einem anderen zivilisierten Land möglich, geschweige denn in Afrika. Da aber die vielen qualifizierten »registered nurses« bezahlt werden wollten, war man ganz rigoros im Eintreiben

der Krankenhausrechnung, das heißt es mußte vor der Aufnahme bezahlt werden. Eines Tages kam eine Gebärende, und bei der Untersuchung stellte ich fest, daß ihre Gebärmutter geplatzt war. Höchste Alarmstufe, Lebensgefahr für Mutter und Kind! »Schnell in den OP, alles fertigmachen zum Kaiserschnitt«, sagte ich und bekam zur Antwort: »Ach, gehen Sie ruhig erst zum Mittagessen, zuerst müssen wir sehen, ob die Frau überhaupt bezahlen kann.«

»Aber wenn sie nicht sofort operiert wird, stirbt sie!«

»Das ist ihre Sache, wenn sie ins Krankenhaus kommt, weiß sie auch, daß sie Geld braucht.«

»Aber wir können doch wegen des Geldes diese Frau nicht einfach sterben lassen!«

»So? Und wovon sollen denn wir leben? Sollen wir etwa verhungern? Außerdem sagen hier alle, daß sie kein Geld haben und arm sind, sie probieren es auf jeden Fall zuerst einmal, ob sie uns nicht hereinlegen können. Daran müssen Sie sich in Afrika gewöhnen.«

Ich konnte es vor Ungeduld nicht mehr aushalten und sagte: »Nehmen Sie sie auf, ich bezahle die Rechnung, wenn sie kein Geld hat. Nur schnell in den OP! Solange ich hier bin, soll keiner vor der Krankenhaustür sterben, weil er kein Geld hat.«

Da sie tatsächlich keines hatte, bezahlte ich dem Krankenhaus meine eigene Operation von dem Geld, das mir meine Dorfbewohner, die Ittersbacher, als Spende mitgegeben hatten. Grotesk! Die Kaltschnäuzigkeit des Personals erschütterte mich schwer.

Mein Chirurgie-Assistent, ein zwei Meter großer Sudanneger, war äußerst begabt. Er war in seiner Heimat auf eine Missionsschule gegangen und hatte sein Medizinstudium an der Universität von Monrovia absolviert, also auf der anderen Seite Afrikas, erstens, weil diese Universität einen guten Ruf hatte (US-Standard), zum anderen, weil er hier ein Stipendium von der amerikanischen Methodistenkirche bekommen hatte. Mit ihm operierte ich tagaus, tagein, und ich ließ ihn so viel operieren, wie irgend anging, denn er war sowohl ehrgeizig als auch lernbegierig. Dabei dachte ich an meine Chefs in Frankfurt, die mich für die Mission vorbereiteten, indem sie immer sagten: »Los, los, operieren Sie, wir assistieren Ihnen, Sie müssen dann im Busch auch allein operieren.«

Der Operationssaal war zum Glück der einzige saubere Raum im ganzen Krankenhaus, so daß man nicht befürchten mußte, die Operationswunden würden nicht primär heilen, »verbuttern«, wie man im Chirurgenjargon sagt. Da man in der Regenzeit immer schlammige Schuhe hatte, zog man sie vor dem OP aus und ging barfuß hinein.

Einmal brachte man uns ein draußen geborenes, sechs Tage altes Baby mit einem tischtennisballgroßen Tumor an der linken Wange. Ich vermutete, daß es ein Hämangiom, eine Blutgeschwulst, war, obwohl es sich dafür eigentlich zu hart anfühlte. Die Entscheidung operieren oder nicht operieren fiel mir schwer. Wenn es ein Hämangiom war, würden sich die Gefäße bald entfalten, es würde rasend schnell wachsen, und eine Operation würde wegen des damit verbundenen großen Blutverlusts nicht mehr möglich sein. Wenn überhaupt, dann mußte in diesem Fall die Operation sofort gemacht werden. Andererseits war das Baby so klein und zart, daß das Risiko riesengroß war. Zudem lag die Geschwulst über dem Facialisnerv, der die Gesichtsmuskulatur innerviert, und wenn dieser bei der Operation verletzt würde, wäre die eine Gesichtshälfte lebenslang gelähmt.

»Oh, don't do it, please don't do it«, sagte mein Zweimeterassistent. »What if it dies on the table?« (Oh, tun Sie es nicht, bitte, bitte, was ist, wenn es uns auf dem Tisch stirbt?) Aber ich sagte ihm: »So ist nun einmal die Chirurgie, sie ist ein risikoreiches Geschäft, man kann nicht immer mit einem guten Ausgang rechnen. Das müssen Sie lernen, wenn Sie Chirurg werden wollen.«

Ich sprach mit den Eltern, klärte sie offen über das Risiko auf und sagte, ich könne für nichts garantieren. Sie sahen ein, daß es ohne Operation auch nicht ging, und baten mich inständig, es doch zu wagen. Sie waren auf alles gefaßt. Wir schickten sie auf die Blutbank zum Blutspenden. In diesem Krankenhaus hatten sie eine raffinierte Methode entwickelt, um zu Blut zu kommen: Kein Patient wurde zur Operation aufgenommen, wenn nicht die Angehörigen vorher einen halben Liter Blut abgegeben hatten, ohne Rücksicht darauf, ob es für ihren eigenen Verwandten oder für einen fremden Patienten war.

Bevor wir an die Operation gingen, fragte ich die Schwestern, ob sie es sich zutrauten, bei dem winzigen Baby eine Vene zu finden und eine Bluttransfusion zu machen. »Sure, why not?« (Sicher, warum nicht?) Und ich erlebte – wie auch andernorts in Afrika –, wie unglaublich geschickt die afrikanischen Pfleger und Schwestern sind: Eine so dünne Vene gibt es gar nicht, daß sie nicht noch eine Nadel zur Infusion oder Transfusion hineinbrächten. Wir machten eine örtliche Betäubung, da etwas anderes gar nicht möglich war; schon allein das sterile Abdecken war ein Kunststück bei dem Winzling, der in einem fort zappelte und wackelte. Nachdem wir die Haut über dem Tumor abgeschält hatten, begannen wir, ihn Millimeter für Millimeter auszuschälen. Und es blutete, blutete, blutete! Mein riesiger, sonst kohlrabenschwarzer Assistent wurde plötzlich schmutzig-grau im Gesicht und wiederholte ständig: »Won't you stop? I'm sure it will die!« (Wollen Sie nicht aufhören? Ich bin sicher, daß es stirbt!) Aber es war ja unmöglich, die Operation abzubrechen, nachdem wir einmal angefangen hatten. Wir mußten es wagen, auf Leben und Tod. Zum Glück war der Kaustikapparat eines der wenigen noch funktionierenden Geräte, und so konnten wir unzählige winzige Klemmchen setzen und die blutenden Gefäße kauterisieren, denn eine Unterbindung mit Fäden hätte viel zu lange gedauert und wäre bei der Unzahl von Gefäßen auch unmöglich gewesen. Mitten unter der Operation war die Nadel mit dem Blut aus der Vene gerutscht, weil das Baby unentwegt zappelte und schrie, und nun wurde es erst recht kritisch, denn ohne weitere Blutzufuhr wäre es ausgeblutet. Aber die Schwester brachte es tatsächlich fertig, sogar während der Operation eine neue Vene am Bein zu finden und die Transfusion weiterlaufen zu lassen.

Schließlich hatten wir es geschafft, die Geschwulst war herausgeschält. Und der Gesichtsnerv war unbeschädigt geblieben, die Gesichtsmuskeln bewegten sich noch alle, wie wir am Schreien des Babys merkten. »Gott sei Dank!« – »Praise the Lord!« entfuhr es allen. Nun galt es noch, eine kosmetisch schöne Naht zu machen, denn das Baby war ein Mädchen, für das später einmal vielleicht viel davon abhing, ob sein Gesicht durch eine häßliche, quer über die ganze Gesichtshälfte verlaufende Narbe entstellt war oder nicht. Mit einer sogenannten »Schönheitsnaht« kann man das so bewerkstelligen, daß die äußere Haut gar nicht durchstochen wird, sondern daß die Hautränder sich wie ein hauchdünner Strich aneinanderlegen.

Obwohl im OP die ganze Zeit der Klimaapparat gelaufen war, waren wir alle, ob schwarz oder weiß, so naßgeschwitzt, als wären wir aus dem Bad gestiegen. Wir zogen die sterilen Kittel aus, und dann fiel mir mein Riese um den Hals und sagte: »Oh, doctor, the Lord did help us!« Das ganze Operationsteam klatschte in die Hände vor Freude und sang »Hallelujah, praise the Lord!« Ich bedankte mich bei allen für die hochqualifizierte Hilfe. Dann brachten wir das Baby hinaus, wo die Eltern bangend warteten. Als sie sahen, daß die Operation geglückt war und das Baby kräftig schrie, fielen sie alle beide auf den Boden und küßten mir die Füße, wie das in jenen Breiten so üblich ist. Dies war mein eindrucksvollstes Erlebnis in Liberia.

Aber ich will noch ein wenig über unsere Lebensumstände berichten. Wir beide, mein Sohn Malte und ich, bewohnten einen hübschen kleinen Bungalow, der mit Einbauküche und Bad ganz unserem europäischen Standard entsprach. Ein Hausboy gehörte zum »Inventar«. Er hatte auch schon unsere Vorgänger bedient, und obwohl wir ihn eigentlich gar nicht brauchten, behielten wir ihn, weil es einem Weißen in Afrika als Geiz ausgelegt wird, wenn er sich keine Dienerschaft hält. Vom Kochen verstand er gar nichts, wenigstens nicht für unseren Geschmack, und so überließen wir ihm die Putzarbeit und das Wäschewaschen. Da es immerzu, pausenlos, Tag und Nacht wie mit Kübeln goß, wurde die gewaschene Wäsche leider auch in drei Tagen nicht trocken, und weil wir nicht viel zum Wechseln mithatten, mußten wir sie wohl oder übel feucht anziehen, ein ekliges Gefühl. Malte hatte neben seiner Patientenfliegerei Zeit genug, um für uns zu kochen, und er kochte von jeher gern. Im nahegelegenen Städtchen gab es Geschäfte, die von Libanesen betrieben wurden; dort konnte man alles kaufen, zu unserer größten Gaudi sogar deutsches Klopapier Marke Hakle. Übrigens kann man in ganz Afrika auch im kleinsten Nest libanesische Läden finden. Die Verpflegung war also kein Problem – im Gegensatz zu anderen afrikanischen Ländern, in denen ich gearbeitet habe.

Die religiöse Seite war auch wieder eine neue Erfahrung. Die befreiten Negersklaven aus den USA, die vor über hundert Jahren ins Land gekommen waren, hatten das Christentum mitgebracht. So war der christliche Glaube in der dritten Generation eine etablierte Sache. Aber obwohl in diesem Krankenhaus, wie in allen Missionskrankenhäusern, jeden Morgen für das Personal und die Patienten eine Andacht gehalten wurde – zu unserem Erstaunen mit dem gleichen Andachtsbuch, das auch wir daheim benützen, dem »Wegweiser« –, hatte man doch den Eindruck, daß der Schwung der Christen der ersten und zweiten Generation, die ich in anderen Ländern vorgefunden hatte, abhanden gekommen war. Es ist ein Unterschied, ob man aus Gewohnheit oder mit Begeisterung in die Kirche geht. Auch die Unerbittlichkeit, mit der das Personal Patienten abwies, die nicht bezahlen konnten, stand in krassem Gegensatz zu dem christlichen Gehabe, das an den Tag gelegt wurde.

In der letzten Woche meines Einsatzes kam meine Ablösung, ein »Lückenbüßer« aus den USA. Dieser Arzt hatte seit seiner Pensionierung fast pausenlos solche Einsätze in der ganzen Welt gemacht und viel, viel mehr gesehen und erlebt als ich. Wir tauschten unsere Erfahrungen aus, und für mich war es hochinteressant, Vergleiche zu ziehen. Er nahm seine Frau, die ihn versorgte, überallhin mit, und auch er finanzierte seine Einsätze selber, samt Reisekosten und allem Drum und Dran. Er war erheblich älter als ich, hoch in den Siebzigern, und auf meine Frage, wie lange er diese Arbeit noch zu tun gedenke, meinte er trocken: »As long as the Lord gives me strength.« (Solange mir Gott die Kraft gibt.)
Ein Einsatz mit vielen neuen Erfahrungen ging zu Ende, aber er sollte noch ein jahrelanges Nachspiel haben.
Wir hatten einem kleinen Jungen von acht Jahren wegen eines Sarkoms, einer bösartigen Geschwulst, ein Bein amputieren müssen. Nun hätte das für ihn bedeutet, lebenslang betteln zu müssen; denn für die schwere landwirtschaftliche Arbeit ohne Maschinen war er untauglich, und ohne Schulung und Lehre konnte er auch keinen anderen Beruf ausüben. So schlug ich den Eltern vor, ihn in die High School zu schicken, und versprach ihnen, für das Schulgeld und die Schuluniform aufzukommen. Später, falls er den Abschluß schaffte, würde man weitersehen. Die Frage der Prothesenversorgung fand eine glückliche Lösung: Ich lernte während meines Aufenthalts einen katholischen Ordensbruder kennen, der von Beruf Orthopädiemechaniker war und den sein Missionsorden eigens zu dem Zweck ausgesandt hatte, in Afrika eine solche Werkstätte aufzubauen und einheimisches Personal auszubilden. Ihm vertraute ich meinen kleinen John an und versprach, das Geld für die Prothesen, die ja je nach Wachstum alle paar Jahre neu angefertigt werden mußten, aus Deutschland zu schicken. Diese Gelder sammelte ich bei meinen Missionsvortragen in den Gemeinden hier und dort. Als John sein High-School-Diplom hatte, schrieb er mir, er wolle gern Krankenpfleger werden, falls ich ihm die Ausbildung finanzieren

könne. Diese ist in den USA – und Liberia hatte ja das Ausbildungssystem von dort übernommen – nicht wie bei uns kostenlos, sondern man muß sowohl dafür Schulgeld bezahlen als auch für Unterkunft und Verpflegung selbst aufkommen. Vier Jahre sollte die Ausbildung für den Abschluß »registered nurse« dauern, zwei Jahre für den Abschluß »practical nurse«. Regelmäßig schickte er mir seine Examensergebnisse, und als er seine Graduation hatte, wurde er am selben Hospital angestellt, an dem er damals operiert worden war.
Dann brach der Krieg aus, der das ganze Land in den Ruin trieb, der Bürgerkrieg zwischen den nun mündig und selbständig denkend gewordenen »Afro-Africans« und den seitherigen Beherrschern des Landes, den »Amero-Africans«. John schrieb, die Tatsache, daß er noch am Leben sei, habe er nur dem Umstand zu verdanken, daß er sich freiwillig als Pfleger an eine Leprastation gemeldet habe, die dem Krankenhaus angeschlossen war, denn die Rebellen hätten sich aus Angst vor Ansteckung nicht ins Leprosarium getraut. Aber niemand habe mehr Geld, um Löhne zu bezahlen, und er wisse nicht, wie es weitergehen solle. Auch brauche er wieder eine neue Prothese. Ich sammelte das nötige Geld durch Vorträge zusammen und schrieb ihm, er solle mir eine Kontonummer angeben, wohin ich es überweisen könne; denn bei den unsicheren Zuständen in Liberia wagte ich nicht, eine so große Summe als Scheck in einem Briefumschlag zu schikken.
Die Antwort blieb jahrelang aus. Ob mein »foster son« (Pflegesohn), wie er sich nannte, lebte oder tot war, wußte ich nicht.
Zu meiner größten Freude traf kürzlich ein Lebenszeichen von ihm ein: Er ist nach wie vor in der Versorgung von Leprakranken tätig. Da man diese aber jetzt mehr und mehr ambulant in ihren Heimen betreut, muß er viel herumfahren, was aus Mangel an öffentlichen Verkehrsmitteln fast nicht möglich ist. Deshalb wünscht er sich jetzt ein Moped von mir, und ich will versuchen, bei meinen Lesungen das Geld dafür zu-

sammenzubringen. So hat mein Liberia-Einsatz, der nur vier Wochen dauerte, nach 18 Jahren noch seine Auswirkungen.

Einsätze in Cali/Kolumbien
Christa Schneider-Deters

Fast zehn Jahre arbeitete ich am selben Platz direkt neben der Kirche mit ihrem lauten Glockenschlag. Die Arbeit war nie langweilig, aber ich dachte, ich sollte einmal über den Kirchturm hinausschauen. Wenn ich hier fehle, bleibt die Gemeinde trotzdem nicht medizinisch unversorgt. Im Sonntagsgottesdienst kam mir der Gedanke, doch einmal die Familie Dollinger zu besuchen und zu fragen, wie sie es denn gemacht haben, um zu Urlaubseinsätzen ins Ausland zu fahren. Frau Dollinger war zu Hause, berichtete mir darüber und ermutigte mich, etwas zu wagen. War es Zufall, daß ich zwei Tage später bei meiner nächtlichen Lektüre von Zeitung und Fachzeitschriften über Ärzte für die Dritte Welt las? Es wurde die Möglichkeit von Urlaubseinsätzen angeboten. Noch in derselben Nacht schrieb ich an die Zentrale des Komitees Ärzte für die Dritte Welt, und im gleichen Jahr wurde ich zu einem Einsatz in Cali eingeteilt.
Das Komitee Ärzte für die Dritte Welt, das bis 1986 etwa drei- bis vierhundert Ärzte in die Welt geschickt hatte, unterhielt Ambulanzen in Kalkutta, Manila, Mindanao und auch in einem Elendsviertel in Cali in Kolumbien. Inzwischen haben sich über tausend Ärzte dem Komitee zur Verfügung gestellt. Sie arbeiten in ihrem Urlaub oder nach ihrer Pensionierung in Notstandsgebieten der Dritten Welt. Neue Orte sind hinzugekommen, auf den Philippinen und in El Salvador.
Anfang Dezember 1986 flog ich also nach Cali in Kolumbien. Cali ist mit etwa 2,5 Millionen Einwohnern die drittgrößte Stadt Kolumbiens, in 1000 m Höhe nahe beim Äquator an den Hängen der Anden gelegen. Das Zentrum wirkt weltstädtisch; verläßt man es aber in Richtung Peripherie der

Stadt, so kommt man in die Sumpfgebiete des Flusses Cali, und das Stadtbild wird immer ärmlicher. Schließlich erreicht man den Bereich der Abwasserkanäle. Hier beginnt das Elend. Die Straßen sind nicht mehr gepflastert oder geteert, sondern aufgeschüttet und holprig, mit großen Löchern und viel Unrat, Gras und Scherben. An den Straßenrändern steht eine Hütte an der anderen. Jedwedes Material wurde verwendet: aufgespaltene Bambusrohre, Bretter, Blechstücke. Selten sieht man einmal ein kleines Steinhaus. Man kann nur mit einem Jeep durch die Straßen fahren; ein normales Auto fährt nicht in dieses Elendsviertel.

Bevor ich nach Cali flog, wurde ich von mancherlei Seiten gewarnt, doch nicht in die Welthauptstadt der Räuber und Mörder zu gehen. Verwandte und Bekannte belieferten mich mit Informationen und Zeitungsausschnitten. Ich bekam Angst, Angst vor der eigenen Courage. Aber als ich dann an meinem Platz in »El Retiro« in Cali war, war die Angst verschwunden.

Dort hatte ich den Arzt abzulösen, dessen Artikel ich seinerzeit in der Zeitschrift gelesen hatte; damit hatte ja alles angefangen. Dann war noch ein anderer Kollege da, doch beide fuhren in den darauffolgenden Tagen ab. Nach kurzer Einführung war ich also zunächst allein, um die Ambulanz zu versorgen.

Ich arbeitete in einer bescheidenen Hütte mit zwei kleinen Räumen von je etwa 6–8 qm und einem kleinen Vorplatz, auf dem die Menschen Schlange standen und warteten. Drei Helferinnen standen zur Verfügung: Eine war Hebamme, die andere ging mir zur Hand und wußte allerlei Hausmittel, die dritte machte den Empfang, suchte die kleinen Karteikarten der Patienten heraus oder legte Karteikarten an. Die Sprechstunde dauerte vormittags von 9 bis 12.30 Uhr. Dann ging man in die Kinderkrippen, um dort nach kranken Kindern zu sehen, und kehrte wieder zurück, um in der Schule ein einfaches Essen, das täglich frisch aus allerlei Gemüse oder Knollenfrüchten zubereitet wurde, zu verzehren. Es gab dazu auch eine Flasche Coca-Cola, das bei der Hitze von 37 Grad im Schatten den Kreislauf wieder ankurbelte. Meistens war ich die letzte, die zum Essen kam, und um mich herum standen schon Kinder und Frauen, die beobachteten, ob ich etwas auf dem Teller ließe. Sie wußten auch, daß ich das Cola nicht austrank.

Nachmittags war Sprechstunde bis zum Einbruch der Dunkelheit, dann war Feierabend, denn auf den schlechten Wegen und in der mörderischen Umgebung konnte man bei Dunkelheit nicht mehr allein nach draußen gehen. Nur in Begleitung konnte man es wagen, das Haus zu verlassen.

Die Ambulanz und die einfache Hütte, in der ich wohnte, standen innerhalb eines Komplexes, den Pater Alfred dort mitten im Slum errichtet hatte. Vier Jahre zuvor war er allein hierhergekommen und hatte angefangen, diesen armen Menschen zu helfen. Er animierte die Leute, mit ihm zusammen die Situation zu verbessern, krempelte die Ärmel hoch und legte mit den dortigen Bewohnern zunächst einmal ein Abwassersystem an. Aus alten Ölfässern klopften sie Rohre, gruben den harten Lehmboden auf und verlegten die Rohrleitungen. Auf sein ständiges Drängen bei der Regierung bekam dieses Viertel auch Brauchwasser, das in abgekochtem Zustand zum Kochen verwendet werden kann. Pater Alfred oder Padre Alfredo, wie er dort genannt wird, hatte von seinem Bischof die Erlaubnis bekommen, dieses Barrio (Stadtviertel) zu versorgen. In dem Barrio El Retiro lebten etwa vierzig- bis fünfzigtausend Menschen. Im benachbarten Barrio, genannt El Vergel, was soviel heißt wie schöner Garten, wirkte anfänglich ein belgischer Pater. Dieser war aber bald nach Alfredos Ankunft von der Polizei lebensgefährlich angeschossen worden. Er hatte noch ein halbes Jahr auf der Intensivstation gelebt und war dann verstorben. Alfredo wußte also, was ihm eines Tages auch blühen konnte. Er ging deshalb stets nur in Begleitung, wenn er abends nach dem Lesen der Heiligen Messe in seinem Bezirk unterwegs war. Das Barrio El Vergel bekam Alfredo dazu; es waren also jetzt etwa

100 000 Menschen. Er hatte auch eine kleine Kirche gebaut und Kindergärten, Kinderkrippen und Schulen eingerichtet. Schon damals staunten wir deutschen Ärzte, in welch kurzer Zeit der Pater das alles auf die Beine gestellt hatte. Die Baulichkeiten waren natürlich sehr einfach, aber sie boten den Kindern die Möglichkeit, etwas zu lernen, und die Frauen konnten ihre Kinder in die Kinderkrippe oder den Kindergarten geben, um selbst das notwendige Geld zum Unterhalt der Familie zu verdienen.

In die Sprechstunde kamen vorwiegend schwarze Menschen, Mütter mit ihren großen und kleinen Kindern, auch Erwachsene, aber wenige Männer. Die meisten Frauen wurden von ihren Männern im Stich gelassen, wenn sie eine Reihe von Kindern hatten. Die Männer suchten sich Arbeit in der Stadt und kehrten oft nicht wieder zurück. Diese armen Menschen sind Nachkommen der Sklaven, die aus Afrika geraubt und in Südamerika zur Arbeit gezwungen wurden. Die spanischen Invasoren hatten nach der Entdeckung Südamerikas vor 500 Jahren zunächst die Indianer für sich arbeiten lassen und ihnen ihr Gold und ihre Schätze abgepreßt. Sie schlugen aber so viele Indianer tot, daß sie schließlich nicht mehr genügend Leute hatten, die die Arbeit verrichteten. Die Felder lagen brach, es wurde nichts mehr angebaut. So wurden Millionen von Schwarzen in Afrika gefangen und unter unmenschlichen Bedingungen über den Ozean verschifft. Die Leichen warf man ins Meer. In den südamerikanischen Staaten, die nach und nach gebildet wurden, hatten die Negersklaven keine Rechte. Sie durften auch keine Ehe eingehen und keine Familie gründen. Deshalb ist es unter den Schwarzen auch jetzt noch nicht allgemein üblich, zu heiraten und als Familie zu leben. Sie sind zwar keine Sklaven mehr, gehören aber zur ärmsten Bevölkerungsschicht. In unserem Bezirk lebten neben den Schwarzen auch Indianer bzw. Kolumbianer indianischer Abstammung, Kolumbianer spanischer und anderer europäischer Herkunft und Mischlinge. Die gemeinsame Sprache ist Spanisch, einen Dolmetscher hatten wir nicht zur

Verfügung. Jeder Arzt, der dort arbeitet, muß mit seinen Spanischkenntnissen zurechtkommen.
Da ich recht gut spanisch spreche, konnte ich mich mit den Menschen auch gut unterhalten. Schnell bekam ich Kontakt zu Padre Alfredos Jugendgruppe. Jeden Abend kamen Jugendliche aus dieser Gruppe, um bei mir etwas zu lernen oder einfach miteinander zu reden. Manche machten ihre Hausaufgaben, andere schrieben Briefe. Wir lernten etwas Deutsch; die Mädchen lernten englische Vokabeln und übten sich im Häkeln und Nähen. Wir bastelten für Weihnachten und erzählten uns was. Auf diese Weise erfuhr ich Dinge über die armen Leute, die ich sonst nie gehört hätte. Ein Mädchen brachte auch ihr sechsjähriges Schwesterchen mit, das zur Welt gekommen war, als mal wieder Überschwemmung war. Überschwemmungen gab es immer dann, wenn der tropische Regen vom Himmel herunterprasselte und die Abwässer der Millionenstadt über die Ufer traten. Dann ergoß sich das dreckige schwarze Wasser wie Lava in die Hütten. Boote, um sich zu retten, gab es nicht, Hubschrauber gab es auch nicht. Wer es konnte, stieg aufs Dach und wartete, bis das Wasser wieder abfloß. An einem solchen Tag sollte das Kind geboren werden. Das Wasser stieg immer höher, das Bett der Mutter wurde auf den Tisch gestellt. Die Angehörigen wateten durch das Dreckwasser, halfen der Frau bei der Geburt und versorgten das Neugeborene. Wenn das Hochwasser vorüber war, blieb eine Schlammschicht zurück, so daß der Abstand zwischen Boden und Decke in den Hütten immer kleiner wurde.
Viele Geschichten bekam ich erzählt. Es war ein faszinierendes Erlebnis, in diesem Elendsviertel zu arbeiten und zu leben. Die jungen Menschen hatten aber auch Spaß miteinander, es war keineswegs eine trostlose Gesellschaft. Und über allem lag fast den ganzen Tag Musik. Jeder, der irgendein Gerät hatte, das Musik von sich gab, drehte es so laut auf, daß die ganze Straße etwas davon hatte (und wenn es nur Kopfschmerz und Schlaflosigkeit war). Es waren Radioapparate,

Kassettenradios, vereinzelt Fernseher, und dann natürlich der Lautsprecher, der für alle möglichen Informationen herhalten mußte. Alles, was für die Gemeinde wichtig war, wurde durch den Lautsprecher verkündet, beispielsweise ein Todesfall. Ein Begräbnis ist auch in diesen Ländern teuer, und niemand hatte Geld auf der hohen Kante. Also wurde für das Begräbnis gesammelt. Über den Lautsprecher wurden die Leute dazu aufgefordert, und wer etwas gab, ging an den Lautsprecher und sagte, wieviel er gespendet hatte. Dazwischen erklang dann wieder Musik in höchster Lautstärke.
Die Bandbreite der Gefühle, die bei diesem Einsatz mobilisiert wurden, reichte vom Mitleid mit den Ärmsten, Verlassenen und Hungrigen bis zur Freude an den Jugendlichen, die trotz allem Elend auf eine bessere Zukunft hofften. Immer stand der Tod vor der Tür. Fast täglich wurde irgendwo im Barrio jemand ermordet. Wer nachts allein aus der Stadt zurückkam oder aus irgendeinem Grund seine Hütte verlassen mußte, war nicht sicher, daß er am Leben bleiben würde. Er konnte aus politischen Gründen überfallen werden oder weil der Angreifer meinte, er habe Geld in der Tasche. Zu viele Menschen lebten dort, die keine Chance im Leben hatten und aus Wut, Verzweiflung und Haß raubten und mordeten.
Die Krankheiten, die man in der Sprechstunde zu behandeln hatte, reichten von einfachen Erkältungen, Bronchitis, Asthma bronchiale bis zu infizierten Wunden, Verletzungen durch Messerstiche, Verbrennungen und Schnittwunden an den Füßen. Viele Wurmkrankheiten, Durchfallkrankheiten und Magenleiden ergänzten das Bild. So manches Kind, das in einer Hütte geboren wurde, hatte von einer schweren Geburt eine Hirnschädigung zurückbehalten. Die nötigen Hilfsmittel bei eintretenden Komplikationen waren ja nicht vorhanden. Die kleinen Neugeborenen wurden zur Untersuchung in die Ambulanz gebracht, der Nabel war mit einem Bindfaden abgebunden.

Fünfeinhalb Jahre später konnte ich wieder zu einem Urlaubseinsatz nach Cali fliegen. Was hatte sich in diesen fünfeinhalb Jahren alles getan! Padre Alfredo war derselbe geblieben, immer aktiv, immer die Lasten der Menschen mittragend, immer mit neuen Ideen. Er war inzwischen einigen Attentaten entronnen; er gab nicht auf, denn er wußte, daß er gebraucht wurde. Mittlerweile gingen 7000 Kinder in seine Schulen, es gab ein Gymnasium, es gab eine zweite Kirche im Barrio El Vergel. Kleine Werkstätten waren errichtet worden, in denen Besen und Matratzen hergestellt wurden. Untertags saßen Frauen in der Kirche auf den Bänken und machten Schuhe. In der Mittagszeit wurde im Kirchenraum Unterricht gehalten über Ernährung, Säuglings- und Kinderpflege, Hygiene, Schwangerschaftsverhütung und andere wichtige Themen.

Von nachmittags 15 Uhr an gab es meist bis 7 Uhr am anderen Morgen Strom. So konnte man abends kochen und morgens vor 7 Uhr den Kaffee zubereiten. Die holprigen Wege waren mit allerlei Material aufgefüllt worden, so daß die Straßen keine so großen Löcher mehr aufwiesen. Staubig und uneben waren sie aber immer noch; doch die Patienten konnten jetzt aus dem Barrio hinausgefahren werden, wenn sie gehunfähig oder schwerkrank waren, und mußten nicht mehr wie früher mit einem Handkarren befördert werden.

Mühsam war es aber nach wie vor, einen Kranken in einem Krankenhaus unterzubringen. Wenn jemand einen akuten Blinddarm hatte, einen Dickdarmkrebs, ein durch Cataract erblindetes Auge, eine Messerstichverletzung der Lunge, ein Gallensteinleiden oder sonst eine Krankheit, die unbedingt stationär behandelt werden mußte, so hatte man nunmehr die Möglichkeit, eine Schwesternhelferin mit dem nötigen Geld als Begleitung des Patienten ins Krankenhaus zu schikken. Zwar mußte der Kranke zunächst bis zum großen Abwasserkanal zu Fuß gehen oder getragen werden, aber von da an konnten Patient und begleitende Schwester einen Bus nehmen und zu dem entsprechenden Krankenhaus fahren. Je nach Krankheit mußte man ein regionales Krankenhaus, das Tuberkulose-Krankenhaus, die Kinderklinik oder die Universitätsklinik aufsuchen. Jeder arme Patient ist Privatpatient, denn er ist nicht Mitglied einer Krankenkasse. Deshalb mußte man immer zuerst mit der Sozialarbeiterin des Krankenhauses über einen Preisnachlaß verhandeln.

Die Palette der Krankheiten war außerordentlich groß. Manche Krankheiten kannte ich nur aus dem Lehrbuch. Die schlimmen Ausmaße, die eine Krankheit annehmen kann, wenn sie nicht behandelt wird, kamen einem hier zu Gesicht.

Nun waren wir drei Ärzte: ein Kolumbianer und zwei Deutsche. Zusätzlich hatten wir einen kolumbianischen Zahnarzt, der für den Unterricht in den Schulen zuständig war, und einen deutschen Zahnarzt oder eine Zahnärztin. Morgens, wenn es keinen Strom gab und deshalb nicht gebohrt werden konnte, wurden nur Zähne gezogen, in der Nachmittagssprechstunde wurden dann Zähne plombiert. Infolge der mangelhaften Ernährung war der Zustand der Zähne allgemein schlecht; dazu kam, daß zuvor keine Möglichkeit bestanden hatte, das Gebiß rechtzeitig in Ordnung zu bringen.

Nun hatte der Fortschritt im Barrio Einzug gehalten. Die vormals von Fröschen und Kröten und allerlei Getier bewohnten Sümpfe waren trockengelegt, die Froschkonzerte waren nicht mehr zu hören, und die Hütten standen nicht mehr teilweise im Wasser. In den großen Straßenzügen war Straßenbeleuchtung angelegt worden. Viele Bambushütten waren inzwischen durch Steinhäuschen ersetzt. Manch einer hatte seine kleine Parzelle auch kaufen können und war nun Eigentümer des Grundstücks, auf dem er lebte.

Aber das Viertel blieb dennoch eine Vorhölle. Die Mörder lauerten nicht mehr mit Macheten, sondern waren mit Pistolen bewaffnet und ratterten auf dem Motorrad herbei. Nach Einbruch der Dunkelheit kamen sie in Banden und schossen auf die vor den Häusern sitzenden Jugendlichen, die sich ganz harmlos unterhielten oder miteinander Karten spielten; sie schossen in die kleinen Discos hinein, einfach wahllos in die Menge, ganz gleich, wen es gerade traf. Verletzungen von Schrotkugeln und Stichwunden von Messerstechereien gehörten zu unserem Alltag. Wie viele Menschen innerhalb einer Woche auf diese Weise starben, kann man gar nicht sagen. Wir entfernten Kugeln, nähten Wunden und halfen, wo wir konnten.

Wenn man in der Stadt gewesen war, um etwas für die Ambulanz oder für die Mahlzeiten am Wochenende zu kaufen, konnte man nicht mit einem Taxi zurückfahren, denn wenn ein Taxifahrer hörte, in welches Barrio man gefahren werden wollte, winkte er sofort ab. Nach El Retiro oder El Vergel wollte uns keiner bringen.

Nun hörte man nachts nicht mehr soviel Musik wie bei meinem ersten Aufenthalt. Nachts schwirrten Kugeln durch die Luft, brausten Motorräder vorbei und breitete sich Angst aus. Dumpf klangen die Trommeln bis zur Morgenfrühe, die Toten beklagend.

Die Jugendlichen, die seinerzeit abends in der Ärztehütte zusammengekommen waren, hatten Stellen gefunden, einige hatten Abitur gemacht. Nun bemühten sie sich, mit dem geringen Gehalt von 35 bis 50 DM in der Woche den Lebensunterhalt für sich und ihre Angehörigen zu bestreiten.

Wie schwer es ist, Bildung zu erwerben, wenn man aus dem Slum kommt, soll folgendes Beispiel zeigen:

Elcy steht jeden Morgen in aller Frühe auf, läuft zum Bus und fährt in die Stadt zur Fabrik, wo sie bei 37 Grad im Schatten acht bis zehn Stunden bügeln muß. Danach geht sie in die Abendschule; denn sie will das Abitur machen. Oft muß sie auch samstags in die Fabrik, um Stunden nachzuholen, die wegen Stromausfall fehlen. Sonntags macht sie soviel Hausaufgaben wie nur möglich – und das alles schon seit mehreren Jahren. Wenn ein solches Mädchen aus einem Elendsviertel schließlich den Schulabschluß geschafft hat, muß sie, wenn sie eine Stelle sucht, eine Anschrift von Bekannten oder Ver-

wandten in der Stadt angeben, denn der Slum ist keine Adresse, die einem Bewerbungsschreiben Aussicht auf Erfolg verspricht.
Dieses Mal lernte ich die Aktivität vieler Frauen kennen, die sich versammeln und beraten, wie etwas zu verbessern ist. Eine Reihe von Frauen machen Schulungskurse in der Universität mit, um dann ihr dort erlerntes Wissen weiterzuvermitteln. Eine Nonne, die in Zivil im Barrio arbeitet, geht in die Hütten, wäscht Kinder, versorgt Wunden, hilft mit Nahrungsmitteln, bringt Kranke in die Ambulanz oder holt ärztliche Hilfe aus der Ambulanz der deutschen Ärzte. Unermüdlich arbeitet sie an der Verbesserung der Gesamtsituation. Sie hat einen Raum eingerichtet, in dem Kinder ungestört ihre Hausaufgaben machen können.
Nach solchen Urlaubseinsätzen kam ich voll Tatendrang zurück und stellte fest, daß ich in Deutschland eigentlich wie im Paradies lebe. Nun genieße ich die häuslichen Annehmlichkeiten doppelt und dreifach, aber es vergeht kein Tag, an dem ich nicht an Cali denke und an die armen Menschen, die mir ans Herz gewachsen sind.

Als Arzt im Praktikum in Botswana/Afrika
Ursula Buck

Am 24. Februar 1992 war es endlich soweit: Ich saß im Flugzeug auf dem Weg nach Gaborone, der Hauptstadt von Botswana, einem Nachbarland der Republik Südafrika. Dort wollte ich die nächsten 18 Monate in einem Missionskrankenhaus arbeiten.
Hinter mir lagen eine ganze Anzahl Vorbereitungsseminare, veranstaltet vom Deutschen Missionsärzteteam, bei dem der Leiter des Krankenhauses in Botswana nach einem Arzt zur Verstärkung seiner Ärzteschaft angefragt hatte. Er war bereit gewesen, auch einen Arzt im Praktikum in seine Obhut zu nehmen.
Hinter mir lagen auch eine Vielzahl von Telefongesprächen,

Briefen, Terminen, Kündigungen, Auf- und Umräumarbeiten, die nötig gewesen waren, um Deutschland für eineinhalb Jahre zu verlassen und meinen Aufenthalt in Botswana vorzubereiten.

Und hinter mir standen eine Reihe von Freunden und Verwandten, die mir finanzielle Unterstützung zugesagt hatten und die für mich beteten, was mir im Lauf der Zeit immer wertvoller wurde. Mit diesem Hintergrund saß ich also im Flugzeug und sah den kommenden 18 Monaten mit Spannung entgegen.

Botswana ist etwa zweimal so groß wie die Bundesrepublik und hat eine Einwohnerzahl von 1,5 Millionen. Es ist ein sehr trockenes Land. Durch Diamantenvorkommen und eine stabile demokratische Regierung ist Botswana zu einem der reicheren Länder Afrikas geworden, was sich auch auf das Gesundheitswesen auswirkt.

Mochudi, ein Ort mit etwa 25 000 Einwohnern, in dem sich das besagte Missionskrankenhaus befindet, liegt nur 40 km von der Hauptstadt entfernt. Das Krankenhaus hat 120 Betten, von denen meist nur 80 bis 100 belegt sind. Es gibt eine innere, eine chirurgische, eine Kinder- und eine Entbindungsstation sowie eine vielbesuchte Ambulanz. Außerdem hat das Krankenhaus eine Röntgenabteilung, ein Labor, eine Apotheke, eine Schwesternschule und eine Sozialarbeiterin bzw. Krankenhausseelsorgerin.

Bei meiner Ankunft bestand das Ärzteteam außer mir aus zwei deutschen Gynäkologen, zwei holländischen Allgemeinärzten, einer belgischen Ärztin, die halbtags in der Ambulanz arbeitete, und einem englischen Augenarzt, der hauptsächlich in der angeschlossenen Augenklinik tätig war. Da Botswana noch keine eigene medizinische Fakultät hat, ist es auf die Hilfe von ausländischen Ärzten angewiesen. Daß diese alle Europäer waren, lag daran, daß das Krankenhaus kein Geld hatte, um Ärzten ein Gehalt zu zahlen, und deshalb nur solche beschäftigt werden konnten, die von einer Hilfsorganisation unterstützt wurden.

Nach einem vierwöchigen Sprachkurs in Setswana und einer zweiwöchigen Einarbeitungszeit im Krankenhaus, vor allem in der Ambulanz, wurden mir dann meine ersten Patienten anvertraut. Der Arzt, der mich in der Ambulanz eingeführt hatte, hatte mir zugesagt, ich könne mit allen Fragen zu ihm ins Nebenzimmer kommen, und mit dieser Versicherung saß ich dann meiner ersten Patientin gegenüber.

Diese klagte über heftige Magenschmerzen und sagte, sie habe tags zuvor Blut erbrochen. Ich vermutete ein Magengeschwür und wollte mich beim Arzt im Nebenzimmer nach den diagnostischen Möglichkeiten (Endoskopie?) erkundigen. Dieser wurde jedoch im gleichen Augenblick zu einem Notfall in den OP gerufen, so daß ich mit einer englischen Studentin, die mir meine Frage leider auch nicht beantworten konnte, alleinblieb – allerdings nicht lange, denn nach kurzer Zeit klingelte das Telefon: Alle verfügbaren Ärzte sollten in den OP kommen. Die Studentin und ich rannten also zum OP hinauf und erfuhren, daß eine Patientin bei einem Kaiserschnitt einen Herz-Kreislaufstillstand hatte. In der Nacht zuvor hatte es einen ähnlichen Zwischenfall gegeben, und die Patientin war gestorben.

So mußten sich alle Ärzte, die zur Stelle waren, an der Reanimation beteiligen, Spritzen aufziehen, Infusionen wechseln, Blutdruck messen und versuchen, Blut vom Labor zu organisieren. Das letztere bot Probleme; denn es war gleich 16 Uhr und damit Feierabend für die Laborangestellten, und außerdem stand nur noch eine Konserve zur Verfügung, und diese hatte auch noch eine andere Blutgruppe.

Als sich die Patientin schließlich erholte und ich im OP nicht mehr gebraucht wurde, ging ich wieder zurück in die Ambulanz und überlegte mir, was ich meiner Patientin mit Magenblutung wohl sagen sollte.

So weit kam ich jedoch gar nicht, weil mich eine Schwester schon vor der Tür mit den Worten abfing: »Kommen Sie hier herein, wir haben einen Notfall in der Ambulanz«!

So ging ich – nach einem Stoßgebet – mit ihr in einen der

Untersuchungsräume, wo gerade ein etwa zwanzigjähriges Mädchen hereingefahren worden war, das bewußtlos auf einer Trage lag. Neben ihr standen einige Mitschülerinnen und eine aufgeregte amerikanische Lehrerin. Auf meine Nachfrage hin wurde mir berichtet, das Mädchen sei beim Schulsport plötzlich ohnmächtig geworden, habe sich jedoch vorher keine Verletzung zugezogen. Ich untersuchte das Mädchen, Blutdruck und Puls waren normal, ebenso die Pupillenreaktion, aber sie reagierte weder auf Ansprache noch auf Schmerzreize. Bei der Untersuchung fiel mir auf, daß das Mädchen recht heftig atmete und Carpalspasmen hatte. Deshalb zog ich eine psychosomatische Ursache ihres Zustandes in Erwägung. Die englische Studentin, die inzwischen ebenfalls vom OP zurückgekommen war, hatte den gleichen Eindruck, und wir beschlossen, die Patientin in eine Tüte rückatmen zu lassen. Und siehe da – zum Erstaunen aller Umstehenden und zu unserer großen Erleichterung erlangte sie nach kurzer Zeit das Bewußtsein wieder und wollte aufstehen. Ich bat die Lehrerin, ihr noch etwas Zeit zur Erholung zu lassen und währenddessen mit ihr zu reden.
Schon vorher hatten mir meine Kollegen erzählt, psychosomatische Beschwerden kämen ziemlich häufig vor, und hysterische Anfälle bis hin zur Bewußtlosigkeit seien keine Seltenheit. Das hatte mich erstaunt, denn ich hatte angenommen, die Menschen in einer afrikanischen Gesellschaft seien seelisch relativ gesund und psychosomatische Beschwerden gehörten zu den »Zivilisationskrankheiten«.
Schließlich konnte ich mich wieder meiner Magenpatientin zuwenden, die immer noch geduldig wartete, ebenso wie viele andere ambulante Patienten, die vor der Tür saßen. Da es inzwischen weit nach 16 Uhr war, war die Schwester, die mir vorher für die Patientin gedolmetscht hatte und auf die ich trotz meines Setswana-Kurses angewiesen war, nach Hause gegangen. Nur etwa ein Viertel der Patienten sprach soviel englisch, daß man sich verständigen konnte. Nach 16 Uhr hatte jeweils nur noch eine Schwester Dienst in der Ambu-

lanz, und diese arbeitete mit dem diensthabenden Arzt zusammen. Deshalb mußte sich der diensthabende Arzt nun allein um die restlichen Patienten kümmern, und ich beneidete ihn nicht. Er war inzwischen ebenfalls vom OP eingetroffen und erklärte mir kurz, in Gaborone gebe es zwar einen Arzt, der endoskopierte, aber der befinde sich zur Zeit außer Landes.

Da der Allgemeinzustand der Patientin gut schien, bestellte ich sie am nächsten Tag zur Hb-Kontrolle wieder ein (das Labor hatte inzwischen auch längst geschlossen), gab ihr eine Flasche Magnesiumhydroxid sowie Diätanweisungen mit, versicherte mich, daß sie eine Möglichkeit hatte, sofort wieder ins Krankenhaus zu kommen, falls sie erneut bluten sollte, verabschiedete mich und überließ den diensthabenden Arzt seinem Schicksal.

Nicht lange danach hatte ich Nachtdienst und wurde von einer Schwester auf die chirurgische Station gerufen; es habe einen Autounfall gegeben. Das kam ziemlich häufig vor, da Autofahren in Botswana mit das Gefährlichste ist, was man machen kann, vor allem wenn man hinten auf einem der offenen »buggies« sitzt. Leider lassen sich dennoch die meisten nicht davon abhalten, und in vielen Fällen sind sie auch auf diese Transportmöglichkeit angewiesen.

Ich lief also einer Blutspur nach in den septischen OP und fand eine junge, ziemlich korpulente Frau auf dem Tisch, deren beide Unterschenkel nur noch Trümmer waren. Diesmal hatte es jemanden getroffen, der am Verkehr völlig unbeteiligt gewesen war. Ich erfuhr, daß die Frau nichtsahnend vor ihrer Hütte gesessen war, als ein Lastwagen von der Straße abgekommen und ihr über beide Beine gefahren war.

Ich rief sofort den zweiten diensthabenden Arzt. Auf meine Frage, wie es ihr gehe, lächelte mich die Patientin an und sagte, sie sei o.k. (!) Ich schloß aus dieser Antwort, daß noch etwas Zeit zur Verfügung stand, bis es um Leben und Tod ging. Der Blutdruck war noch normal; trotzdem mußte der Gynäkologe, der zweiten Dienst hatte, eine »Venae sectio«

machen, um einen Tropf in den dicken Arm der Patientin zu bekommen. Der Plasmaersatz war ausgegangen, und niemand hatte daran gedacht, für Nachschub zu sorgen. So konnte die Patientin lediglich mit Elektrolyten infundiert werden.

Nun war die Frage, ob sie zur Amputation durch einen erfahrenen Chirurgen in die Hauptstadt überwiesen werden konnte oder ob sie unterwegs in den Schock käme und deshalb besser hier amputiert würde. Wir entschlossen uns zu letzterem, da die Patientin inzwischen bereits Schockzeichen aufwies.

Der Gynäkologe hatte schon vorher einige Male amputiert; so schafften wir die Frau in den großen OP und machten uns an die Arbeit. Obwohl es bereits Abend war, hatte es draußen immer noch um die 30 Grad. Nach vier schweißtreibenden Stunden war die Operation beendet. Der Patientin konnten noch Stumpfe unterhalb der Knie erhalten werden, an denen später Prothesen angeschlossen werden konnten.

Mir zeigte diese Begebenheit, daß es manchmal lebensrettend sein kann, wenn man als Facharzt auch noch über außerfachliche Fähigkeiten verfügt. In Afrika kann man eben nicht so leicht wie in Deutschland einen Patienten überweisen, weil eventuell gar keine Fachärzte zur Verfügung stehen, die Wege zu weit sind oder der benötigte Krankenhauswagen gerade woanders im Einsatz ist.

Dieses Problem wurde mir auch bewußt, wenn ich Patienten mit dermatologischen oder neurologischen Beschwerden gegenüberstand. Es gab in ganz Botswana keinen Facharzt für diese Disziplinen, und so gab es auch keine Möglichkeit, Patienten zu überweisen. Die anderen Ärzte, die im Krankenhaus arbeiteten, kannten sich mit speziellen Fragestellungen oft auch nicht besser aus als ich, und so blieb mir nichts anderes übrig, als in den wenigen Fachbüchern, die ich da hatte, nachzulesen oder manchmal auch nach Gutdünken zu handeln und auszuprobieren.

Diese Situation ließ mich vor allem am Anfang sehr unbefriedigt, da ich von Deutschland her gewohnt war, daß der Patient auf jeden Fall die »richtige« Therapie (oder zumindest die, die der zuständige Spezialist für die richtige hält) bekommen muß. Ich lernte nur langsam zu akzeptieren, daß dies in Afrika nicht immer möglich ist.

Zu meinem Erstaunen fand ich später meine Empfindungen gut ausgedrückt in dem sehr empfehlenswerten Buch von Maurice King, »Medical Care in Developing Countries« (Oxford Medical Publications), aus dem ich einen Auszug wiedergeben möchte:

»So oft meinen diejenigen, die ihre frühere medizinische Erfahrung in Europa oder Nordamerika erworben haben, daß alles, was sie unter den schwierigen Umständen der Tropen tun, nur das Zweitbeste sei. In gewisser Hinsicht mag das so sein; aber sie sollten das Schuldgefühl überwinden, das entsteht, wenn man meint, nur das Zweitbeste erreicht zu haben, und ihre Ansprüche mehr an die Realität der Situation anpassen.« (Kap. 1:9)

Positiv beeindruckt hat mich hingegen von Anfang an, wie oft mit einfachen diagnostischen und therapeutischen Mitteln einer Vielzahl verschiedener Patienten effektiv geholfen werden konnte. Es gab eine begrenzte Zahl von Standardmedikamenten, die landesweit in Gesundheitsstationen und Krankenhäusern gleichermaßen zur Verfügung standen. Mit ihnen kam man in der Regel gut aus.

Ein anderes Mal schlurfte am späten Nachmittag, als ich Dienst hatte, ein alter Mann in die Ambulanz und erzählte, er sei von einem Auto angefahren worden und auf die Straße gestürzt. Der Autofahrer sei davongefahren.

Ich untersuchte ihn, er war bei vollem Bewußtsein und zeigte keine neurologischen Auffälligkeiten, lediglich eine kleine Schürfwunde am Hinterkopf. So schickte ich ihn zur Schwester, um ihn verbinden zu lassen, damit er anschließend nach Hause gehen konnte. Die Schwester war noch eine Zeitlang mit anderen Patienten beschäftigt, ehe sie sich um den alten Mann kümmern konnte. Als sie ihn versorgt hatte, rief sie mich und sagte, der Patient klage über Unwohlsein, und ich solle ihn doch mit dem Krankenwagen nach Hause bringen lassen. Mir fiel auf, daß der Mann nur sehr langsam sprach und daß sein Bewußtsein offenbar eintrübte. Ich entschloß mich deshalb, ein Röntgenbild des Schädels anzuordnen und den Mann stationär aufzunehmen.

Bis der zuständige Röntgenassistent von zu Hause geholt war und die Aufnahme gemacht hatte, war eine weitere Stunde vergangen. Im Röntgenbild war kein Schädelbruch erkennbar, aber der Mann zeigte nun eine deutliche Pupillendifferenz und war nur noch schwer ansprechbar. Ich hatte inzwischen den zweiten Dienst informiert, und wir vermuteten eine epidurale Blutung. Der zweite diensthabende Arzt (in diesem Fall der Augenarzt) entschloß sich zu einer Schädelbohrung. Nachdem wir das nötige Werkzeug beschafft und uns im Buch vergewissert hatten, wo die Löcher zu bohren sind, fingen wir an.

Der Patient war inzwischen tief bewußtlos. Nach etwa einer halben Stunde hatte der Augenarzt mit dem Handbohrer das erste Loch geschaffen. Tatsächlich floß eine Menge Blut ab, aber der Zustand des Patienten änderte sich nicht. So machte er sich an die Bohrung des zweiten Loches.

Fünf Minuten später kam jedoch die Oberschwester herein mit der Nachricht, auf der Entbindungsstation habe eine Frau einen Nabelschnurvorfall. Mit den Worten: »Mach du mal weiter!« druckte mir der Augenarzt den Bohrer in die Hand und verschwand, um mit der OP-Schwester einen notfallmäßigen Kaiserschnitt zu machen.

Mir blieb nichts anderes übrig als weiterzubohren, was wahre Knochenarbeit war. Kurz bevor der Schädelknochen das zweite Mal eröffnet war, hörte der alte Mann jedoch auf zu atmen.

In Deutschland wäre ich wohl nur als chirurgischer Oberarzt in eine solche Situation gekommen, und ich fragte mich, ob ich als Arzt im Praktikum hier am richtigen Platz war. Wenn ich allerdings nicht dagewesen wäre, hätte sich die Stations-

schwester allein um den Patienten kümmern müssen, was die Lage auch nicht verbessert hätte.
Auch in dieser und ähnlichen Situationen half mir eine Aussage von Maurice King im Vorwort seines oben erwähnten Buches: »Lassen Sie sich nicht abhalten durch den Gedanken an die chirurgische Verantwortung, für die Sie nie ausgebildet worden sind. Trösten Sie sich mit dem Gedanken, daß es, obwohl Sie kein Experte sind, wahrscheinlich darum geht: entweder Sie oder niemand, und daß die meisten Patienten immer noch Sie vorziehen werden.«
Nach dem ersten halben Jahr meiner Anwesenheit entschlossen sich drei der Ärzte ziemlich plötzlich und kurz nacheinander, nach Hause zurückzukehren. Bald darauf trat einer der Allgemeinärzte seinen lang geplanten Heimaturlaub an, so daß wir mit einem Mal nur noch drei Ärzte waren, von denen einer hauptsächlich in der Augenklinik beschäftigt war. Auch die Studenten, die uns sonst unterstützten, hatten abgesagt. Der übliche 80-Stunden-Dienst von Freitagmorgen bis Montagabend wiederholte sich nun alle zwei Wochen zusätzlich zu den Nachtdiensten jede zweite bis dritte Nacht.
Glücklicherweise fanden sich immer wieder Ärzte aus Europa bereit, für eine kurze Zeit einzuspringen und uns in ihrem Urlaub unter die Arme zu greifen. Jedoch war auch das nicht immer ganz problemlos, weil jeder neue Arzt erst eine Eingewöhnungszeit brauchte und zunächst einmal anfing, alle Mißstände zu kritisieren, die ihm auffielen und die wir anderen meist auch schon längst kannten, die sich aber nicht so einfach ändern ließen.
Nachdem ich im ersten halben Jahr neben der Arbeit in der Ambulanz für die chirurgische Station zuständig gewesen war, wo ich oftmals mit der Motivationslosigkeit des Pflegepersonals zu kämpfen gehabt hatte, wechselte ich im zweiten halben Jahr auf die Kinderstation. Dort waren die Schwestern um einiges arbeitswilliger und kooperativer, was die Stationsarbeit wesentlich angenehmer und effektiver machte.

Es waren schöne Momente, wenn ein Kind, das wegen Durchfall und Erbrechen völlig dehydriert ins Krankenhaus gebracht worden war, unter der Behandlung wieder anfing, auf seine Umwelt zu reagieren, zu essen und zu trinken, mit den anderen Kindern zu spielen und mir schließlich fröhlich zum Abschied winkte, wenn es entlassen werden konnte.
Leider war der Verlauf einer Durchfallerkrankung nicht immer so erfreulich. Oft brachten die Mütter ihre Kinder bei Durchfall und Erbrechen erst einmal zum traditionellen Doktor. Dieser verabreichte ihnen dann etwas zu trinken, das die Krankheit zum Stillstand bringen sollte. Aber es kam immer wieder vor, daß Kinder, die diese Medizin genommen hatten, schwerkrank ins Krankenhaus gebracht wurden, weil sie daraufhin ein Leber- bzw. Nierenversagen entwickelt hatten. Was wir auch taten, wir konnten in keinem Fall, den ich miterlebte, ein solches Kind am Leben erhalten. Ich fand es schwierig, damit umzugehen.
Ein noch viel größeres Problem war AIDS. Hatte ich anfangs nur gelegentlich einen AIDS-Patienten auf Station gesehen, so hatte ich gegen Ende meines ersten Jahres täglich mit HIV-infizierten Menschen zu tun, sei es in der Ambulanz oder auf Station. Besonders bedrückend war das Problem auf der Kinderstation. Bestand auf Grund von wiederholten Infektionen oder mangelndem Wachstum eines Kleinkindes der Verdacht auf AIDS, so wurde die Mutter über die Krankheit und über die Möglichkeit eines HIV-Tests informiert. Hatte sie in etwa verstanden, worum es ging (was gar nicht so einfach zu erreichen war, weil viele keine Vorstellung davon hatten, was ein Virus ist, und Krankheiten hauptsächlich auf Verstöße gegen Verhaltensregeln zurückführten), und ihre Zustimmung gegeben, so wurde ein ELISA-Test gemacht und im positiven Fall wiederholt. Wenn der Test eine HIV-Infektion bestätigte, wurde der Mutter das Ergebnis mitgeteilt. Dies bedeutete dann, daß sie den Schock über die Erkrankung ihres Kindes verarbeiten und zusätzlich auch mit der Erkenntnis fertig werden mußte, daß sie und ihr(e) Partner die Krankheit eben-

falls in sich trugen. In vielen Fällen waren die Frauen nicht verheiratet, sondern lebten mit ihrem jeweiligen Partner unverheiratet zusammen und hatten oft Kinder von verschiedenen Männern. Für die meisten Männer war Treue ein Fremdwort, so daß auch das von der Regierung propagierte Kondom-Programm zur Verhütung von AIDS die Verbreitung der Krankheit nicht eindämmen konnte. Nach Angaben des Gesundheitsministeriums von Botswana war 1993 bereits eine von fünf schwangeren Frauen HIV-infiziert. Es ist abzusehen, daß das Problem noch immense Ausmaße annehmen wird, wie dies in anderen afrikanischen Ländern zum Teil schon der Fall ist.

Neben all den großen und kleinen Problemen, denen ich im Lauf der 18 Monate in Botswana gegenüberstand, gab es auch viele gute Erfahrungen: die Geduld und Hilfestellung mancher Mitarbeiter bei dem Prozeß, mich in eine neue Kultur einzugewöhnen, der Teamgeist, der unter den Ärzten herrschte, obwohl wir alle so unterschiedlich waren, die Fähigkeit vieler Patienten, Krankheit als Teil des Lebens zu verstehen und zu akzeptieren, oder Krankheitsverläufe, die sich wider Erwarten und trotz widriger Umstände zum Guten wendeten. Obwohl oder gerade weil die Zeit in Botswana sehr arbeitsintensiv war und jeder Tag neue Herausforderungen mit sich brachte, bin ich um viele Erfahrungen reicher nach Hause zurückgekehrt, Erfahrungen, die ich nicht missen möchte und auch vielen anderen Menschen wünsche.

Wiedersehen mit dem Chaco
Ein Lückenbüßereinsatz nach 17 Jahren auf der alten Arbeitsstelle

Gerhard Dollinger

Von 1951 bis 1963 waren wir im Gran Chaco von Paraguay an einem kleinen Buschkrankenhaus in einer Kolonie von rußlanddeutschen Mennoniten tätig gewesen. Sie waren in drei Etappen aus Kanada und Rußland in den damals fast

menschenleeren Gran Chaco gekommen, eine Halbwüste aus Kakteen und Dorngestrüpp, wo sie außer ein paar nomadisierenden wilden Indianerstämmen nichts, aber auch gar nichts vorfanden. Die Regierung von Paraguay hatte ihnen zwar durch eine »Lex Mennonita« freie Ausübung ihrer Religion, Befreiung von Militärdienst und Gerichtsbarkeit sowie Selbstverwaltung zugesichert, aber sonst keinerlei Hilfe versprochen. Sie waren sozusagen in der Wildnis, die bis dahin als unbewohnbar galt, ausgesetzt und mußten wie die ersten Menschen bei nichts anfangen. Unter unsäglichen Entbehrungen und Opfern machten sich die ersten Siedler daran, den Busch zu roden und urbar zu machen. Seuchen brachen aus, Cholera und Typhus, die oft die Hälfte der Bewohner eines Dorfes hinrafften. Da es keinerlei Verbindung zur Außenwelt gab, weder Straße noch Eisenbahn, lebten sie völlig autark nur von dem, was sie selber anpflanzten.
Das größte Dilemma war der chronische Wassermangel. Das Grundwasser war salzig und für den menschlichen Genuß unbrauchbar. Im Sommer, in der Regenzeit, mußte man daher das Regenwasser, von den Dächern in Zisternen abgeleitet, sammeln, und dieser Wasservorrat mußte für die ganze Trockenperiode von vier bis fünf Monaten ausreichen. Die Zisternen wurden von Hand ausgegraben und innen mit Ziegelsteinen ausgemauert und mit Zement verschmiert, wobei es mehr als einmal passierte, daß der Grabende verschüttet wurde und ums Leben kam. Sie waren nicht groß, diese Zisternen, sie faßten zwischen zwölf- und fünfzehntausend Liter, und sie konnten auch nur dann gefüllt werden, wenn das Haus ein Blechdach hatte. Das Blech mußte importiert werden und war teurer als das ganze Haus. Die meisten aus Lehmziegeln erbauten Hütten waren mit Strohdächern versehen. Am Ende der Trockenzeit schaute jeder in die Zisterne, um abzuschätzen, ob das Wasser noch ausreiche, bis die ersten Regen kämen, und an den Himmel, um das kleinste Wölkchen, das Regen verhieß, nicht zu versäumen. War die Zisterne fast leer und stand noch kein Regen in Aussicht,

dann wurde das Wasser rationiert: ein Liter, um Gesicht und Hände zu waschen, zwei Liter zum Duschen, wobei die Siedler sich ganz primitive, selbstgemachte Vorrichtungen zum Wassersparen ausgedacht hatten. Am Boden des Blecheimers war eine Art Ventil angebracht, mit dem man gerade so viel Wasser herauslassen konnte, wie man zum Naßmachen und Einseifen und dann zum Abspülen brauchte. Ging am Ende der Dürreperiode das Wasser vollends zur Neige, so stieg man mit einer Leiter in die Zisterne hinunter, um den Rest des schlammigen Wassers in Eimer zu füllen, die einer oben am Strick herauszog. In dieser Brühe schwammen dann eine Menge tote Frösche, Schlangen, Skorpione und anderes Gewürm herum, das an irgendwelchen undichten Stellen in die Zisterne gekrochen und dort verendet war. Wenn die Zisterne leergeschöpft war, wurde sie gekalkt, und nun wartete man sehnsüchtig auf den ersten Regen. Bis der eintraf, fuhren Jungen mit Fässern durch die Straße, schellten wie bei uns daheim früher der Eismann, und verkauften eimerweise Wasser.

Wenn die Regenzeit einsetzte, kamen solche Wasserfluten vom Himmel herunter, daß von einem einzigen Regen die ganze Zisterne voll sein konnte. Aber dann passierte es oft, daß der dünne Verputz durch den Druck des vielen Wassers platzte und das kostbare, langersehnte Naß im Verlauf von ein paar Tagen in die Erde sickerte. Vor Enttäuschung weinend, machte man sich daran, den Zementverputz zu erneuern, und wartete auf den nächsten Regen. Eine Pumpe, um das Wasser heraufzupumpen, kannte man nicht; es wurde in Eimern am Strick heraufgezogen. Als ich die erste Pumpe anschaffte, wurde sie bestaunt wie eines der Sieben Weltwunder.

Als wir im Januar 1951 in den Chaco kamen, bestand die Kolonie schon über 20 Jahre, und doch lebten die Siedler fast noch genau so armselig und primitiv wie in der Anfangszeit; es schien auch, als ob das für immer so bleiben sollte. »Das ist der Chaco, da ist nichts zu ändern, wir sind eben in einem der

ärmsten Landstriche gelandet, uns bleibt nichts übrig als auszuwandern oder auszuhalten«, hieß es immer wieder.
Den Grund für die mangelnde Entwicklung hatte ich aber bald herausgefunden. Sie bearbeiteten ihr Land noch immer mit Pferden und rodeten den Busch in Handarbeit; kurz, Maschinen waren gänzlich unbekannt. Selbst mit sechs oder sieben Pferdegespannen war es aber nicht möglich, mehr als 20 oder 30 Hektar mit Baumwolle oder Erdnüssen zu bepflanzen, zu wenig, um auskömmlich davon leben zu können. Wenn im Oktober die Frühjahrsregen einsetzten, mußte die Saat so schnell wie möglich in den Boden, damit die jungen Pflänzchen vor der großen Hitze schon widerstandsfähig genug waren, um zu überleben und nicht zu verdorren. Sobald die große Hitze kam, war an eine Aussaat nicht mehr zu denken. Hinzu kamen dann noch die Heuschreckenschwärme, die immer wieder, den Himmel verdunkelnd, einfielen und die ganze Frühjahrssaat fraßen.
Mit der Viehzucht war es ebenso. Da es keine Straße in die Hauptstadt Asunción gab, mußten die Gauchos das Vieh zu Fuß 500 km durch den Busch in die Stadt zur Fleischfabrik treiben, was natürlich Wochen dauerte, so daß das vorher gemästete Vieh abgemagert ankam und nur noch einen Bruchteil seines vorherigen Wertes hatte.
Als dann in den fünfziger Jahren die Entwicklungshilfe aus den USA und aus der Bundesrepublik Deutschland einsetzte, empfahl ich einmal in der Kolonie-Hauptversammlung, sich doch auch um Entwicklungshilfe zu bemühen. Wenn man Maschinen hätte, Bulldozer und Traktoren, könne man ja viel größere Buschflächen roden und für die Anpflanzung nutzbar machen. Man könne mit Traktoren nach den ersten Regenfällen in Tag- und Nachtarbeit viel größere Flächen pflügen und einsäen, man könne gerodetes Buschland mit Viehweide bepflanzen und so eine intensive anstatt der seitherigen extensiven Viehwirtschaft betreiben.
»Doktor, wir sind keine Schuldenmacher, noch nie gewesen, und wollen es auch nicht werden, lieber bleiben wir arm«,

sagten die einen. Andere sagten: »Der Doktor soll sich um sein Krankenhaus kümmern und uns unsere Arbeit tun lassen. Meint er denn, weil er studiert hat, weiß er alles besser als wir?«

»Kredit ist etwas anderes als Schulden«, entgegnete ich, »das Wort Kredit kommt vom lateinischen credere, glauben, und bedeutet, daß diejenigen, die euch Geld leihen, euch für ehrlich und tüchtig genug halten, es zurückzuzahlen. Nehmt also ruhig einen Kredit, wenn ihr ihn bekommen könnt.«

Dem anderen Argument, daß ich als Studierter alles besser zu wissen glaube, meinte ich am besten entgegentreten zu können, wenn ich mir ein Stückchen Land in der Nähe des Städtchens kaufte und es roden und mit Futterweide bepflanzen ließ. Gesagt, getan. Ich bekam von der Kolonie ein Stück Land von 100 Hektar (in Südamerika ein lächerlich kleines Stück) zum Preis von umgerechnet 1700 DM. Ich ließ den Busch roden, ich ließ Tacamares, Regenwassersammelstellen, anlegen und Brunnen bohren. Das Land teilte ich in vier Viertel, ein jedes für sich eingezäunt, und ließ es mit Büffelgras bepflanzen; die Samen waren aus den USA importiert. Ein Teil meines Viehs wurde von der Estancia hereingetrieben und weidete auf einem Viertel, während das Gras auf den anderen drei Vierteln ungestört wachsen konnte, ohne zertrampelt zu werden. Wasser hatte das Vieh genug, und vor wilden Tieren wie Jaguaren und Mähnenwölfen war es sicher, da das Land an der Hauptstraße zwischen den beiden Kolonien Fernheim und Neuland lag und nur 6 km von dem Städtchen Filadelfia entfernt war. Die Sache bewährte sich, und nach und nach fingen die Bauern an, das Land, das als Wildnis zu ihrem Hof gehörte, zu roden und intensiv zu bewirtschaften. Über die deutsche Botschaft und durch Vermittlung der amerikanischen Mennoniten kamen dann auch Kredite aus Deutschland und den USA, so daß Maschinen angeschafft wurden und das Farmen im großen nach amerikanischem Vorbild betrieben werden konnte.

Diese ganze Schilderung hat zwar nichts mit meinem Lückenbüßereinsatz zu tun, aber sie läßt das, was ich nun bei meiner Rückkehr nach über 17 Jahren erlebte, besser verstehen und ermessen.

1980 sollte die Fünfzigjahrfeier der Koloniegründung begangen werden, und da ich mein Teil zu der Entwicklung beigetragen hatte, wurde ich dazu eingeladen. Nur zum Feiern wollte ich aber die weite und teure Reise nicht machen, und so schlug ich dem Arzt, der jetzt an meinem ehemaligen Krankenhaus arbeitete, vor, einen dreimonatigen Fortbildungsurlaub zu nehmen, ich wolle ihn in dieser Zeit vertreten. Ich kümmerte mich um Vertretung für meine Praxis im Schwarzwald, und als wir zwei junge Ärzte gefunden hatten, stand unserer Abreise nichts mehr im Wege. Ein Arzt, den ich nach seiner Rückkehr aus dem Missionsfeld in Tanzania als Partner in die Praxis genommen hatte, und eine Ärztin, die schon seit Jahren bei mir arbeitete, gaben mir die Gewähr, daß während meiner Abwesenheit daheim alles aufs beste geregelt war. Mit meinem Eintritt ins Rentenalter (nicht in den Ruhestand!) glaubte ich, mir ausnahmsweise einen dreimonatigen Urlaub gönnen zu können.

Die Reise nach drüben verlief ohne Zwischenfälle. Obwohl ein achtzehnstündiger Flug schon eine kleine Strapaze ist, kam uns doch der gewaltige Unterschied zu unserer ersten Reise in den Chaco zum Bewußtsein. Damals hatten wir viereinhalb Wochen gebraucht, um an Ort und Stelle zu kommen. Hatten wir einst das Gefühl gehabt, am Ende der Welt zu sein und womöglich eine Reise ohne Wiederkehr gemacht zu haben, so war nun die 500-km-Fahrt im VW-Bus von Asunción in die Kolonie hinaus kaum anders als eine Ferienreise von uns aus nach Österreich, denn die Ruta Trans-Chaco war zu zwei Dritteln asphaltiert, und das restliche Drittel aus festgewalztem Lehm war kaum schlechter. Als wir in Filadelfia, dem Hauptort der Kolonie Fernheim, ankamen, trauten wir unseren Augen nicht. Von den vielen großen Neubauten – Supermarkt, Verwaltungs- und Schulgebäude sowie Krankenhausanbau – hatten wir zwar schon gehört, aber daß auch die Natur im Chaco mit der wirtschaftlichen Entwicklung Schritt halten würde, hätten wir nie für möglich gehalten. Wo früher kahle Sandflecken mit kümmerlicher Vegetation Gärten darstellen sollten, wuchsen nun immergrüne Hecken, Rasen, tropische Blütensträucher in ihrer Farbenpracht, riesige Bäume voller Pampelmusen, Apfelsinen, Mandarinen, Guayava, Mango, Mamonen (Papaya), Bananen, zum Teil noch von uns selber gepflanzt. Die autobahnbreiten Straßen von Filadelfia, durch die damals der Nordsturm im Winter die Sandmassen in ganzen Wolken dahingetrieben hatte, so daß einem Hören und Sehen verging, waren zu Alleen mit immergrünen Bäumen geworden, die riesigen Blumensträußen in Gelb, Lila, Rosa, Weiß und Blau glichen, eine kaum zu fassende Blütenfülle. An die Stelle der früheren primitiven Lehmhüttchen mit Strohdächern waren hübsche, moderne Bungalows getreten, die im Inneren mit allem ausgestattet waren, was auch bei uns zu einem Einfamilienhaus gehört: Eisschrank, Tiefkühltruhe, gekachelte Badezimmer, WC, Stereoanlagen, mit Natursteinen verkleidete Kamine – die Steine mußten 600 km weit hertransportiert werden, da es im ganzen Chaco keinen einzigen Stein gibt –, Einbauküchen, gegen die die Küche meiner Frau geradezu archaisch ist; in den Wohnzimmern Klaviere, Heimorgeln, Gitarren und paraguayische Folkloreharfen und als Gegenstück zu unserer Zentralheizung Klimaanlagen, um die große Hitze erträglicher zu machen. Elektrizität gab es bis ins hinterste Buschdorf, so daß auch die Bauern draußen in den Genuß der Annehmlichkeiten der Zivilisation gekommen waren und sogar elektrisch melken konnten.

Da in unserer Erinnerung der Wassermangel die größte Kalamität war, konnten wir uns einfach nicht vorstellen, wieso es im Chaco auf einmal genug Wasser geben sollte, um Rasen zu sprengen, Blumenbeete und Gemüse zu gießen, Wasserleitungen in die Häuser einzubauen und WCs zu benutzen. Die jüngere Generation schaute uns verwundert an: »Wassermangel? Haben wir noch nie gekannt, wir haben das ganze Jahr hindurch so viel Wasser, wie wir wollen.« Des Rätsels Lösung: Man baut beim Häuserbauen gleich riesige Zisternen aus Stahlbeton mit 200 000 Liter Fassungsvermögen (ausgegraben wird natürlich mit Baggern) und setzt so große Blechdächer auf die Häuser, daß die Zisterne nach jedem Regen wieder voll ist. Diese Zisternen sind so gut abgedichtet, daß man beim alljährlichen Reinigen nicht wie früher allerlei Ungetier darin findet. Sogar der Staub auf den Dächern wird abgefiltert, bevor das Wasser in die Zisterne läuft. Mit Motorpumpen wird das Wasser in Tanks, die hinter dem Haus auf einem Stahlgerüst stehen, hinaufgepumpt und in die Häuser geleitet, so daß man in den Küchen und Bädern wie bei uns fließendes Wasser hat. Die Warmwasserversorgung wird durch Sonnenkollektoren, die man auf vielen Dächern findet, gewährleistet, da ja die Tropensonne das ganze Jahr umsonst scheint.

Unser erster Gang galt natürlich unserem Krankenhaus, das wir im Jahr vor unserem Weggang, also vor mehr als 18 Jahren, mit Mitteln von »Brot für die Welt« gebaut hatten. Wer beschreibt unser Erstaunen, als wir es in einem Zustand vorfanden, als ob es gestern eingeweiht worden wäre! Fünf Schwestern und ein Pfleger, die wir vor 20 Jahren ausgebildet hatten, waren noch da tätig – das war ein Wiedersehen! Inzwischen waren noch einige Gebäude dazugekommen – mit eigenem Geld, nicht mit Spenden erbaut! –, alles war pieksauber und tadellos im Schuß. Zu meiner größten Überraschung war sogar der Arbeitsablauf so geblieben, wie ich ihn eingeführt hatte: Montag, Mittwoch, Freitag Sprechstunde, Dienstag, Donnerstag Operationstag und Schwesternschule – so brauchte ich nur da weiterzumachen, wo ich vor 17 Jahren aufgehört hatte, in den gleichen Räumen, mit den gleichen Helferinnen, mit den gleichen Instrumenten; und wenn nicht die Patienten inzwischen graue Haare bekommen hätten, hätte ich meinen können, erst vor ein paar Tagen fortgegangen zu sein. Aber wenn dann ein kräftiger junger Mann in die Sprechstunde kam und ich seine Karteikarte in die Hand

nahm und in meiner eigenen Handschrift die erste Eintragung las: »Gesundes Neugeborenes, Geburtsgewicht 3400 Gramm«, dann merkte ich, wie die Zeit vergangen war. »Hier, sehen Sie, ich habe Sie zur Welt gebracht!« – »Freilich, das weiß ich, und Sie haben mir auch meine Lippen-Gaumenspalte operiert, sehen Sie mal!« Solche Erlebnisse gab es viele, und kein Mensch kann nachfühlen, wie einem da zumute ist.
Die Bauern, die zu unserer Zeit auf 20 oder 30 Hektar ihres Besitzes mit Pferden gepflügt hatten, waren inzwischen zu Farmern geworden mit 300 Hektar bebautem Land, ein paar hundert Rindern, Traktoren, Autos und stattlichen Häusern. Ihren größten Stolz hatten sie aber dareingesetzt, bis zum Fünfzig-Jahr-Jubiläum den letzten Dollar und die letzte Mark an Entwicklungshilfe zurückzuzahlen. Das wurde dann beim Festakt von den Botschaftern der beiden Länder feierlich verkündigt. Sicher gibt es nicht viele Entwicklungshilfeempfänger, von denen man das sagen kann!
Der Festakt, dessentwegen wir ja eigentlich gekommen waren, fand auf dem Zentralschulhof statt. Die Zentralschule, die zu unserer Zeit nur bis zur mittleren Reife gegangen war, führte jetzt zum Abitur, und zwar in beiden Sprachen, Deutsch und Spanisch, mit Englisch als dritter Sprache. Außerdem war eine staatliche Lehrerbildungsanstalt angeschlossen, ebenfalls mit Deutsch und Spanisch, denn die Schulen in den Kolonien haben ja immer noch Deutsch als Hauptsprache. Mit dem Lehrerexamen von Filadelfia können die mennonitischen Lehrer aber auch an allen Schulen im ganzen Land unterrichten.
Auf dem Schulhof waren Tribünen errichtet, auf denen der Landespräsident, die Minister, die Botschafter und viele, viele Generäle in farbenprächtigen Uniformen saßen, dazu die Honoratioren der Kolonie und unter ihnen auch ich. Das Militär hatte eine Blaskapelle gestellt, die flotte Militärmärsche spielte – ausgerechnet bei den friedliebenden Mennoniten, die jeglichen Militärdienst ablehnen und auch durchs Gesetz davon befreit sind!
Die Indianer der verschiedenen Stämme, Lengua, Chulupí,

Toba, Ayoreos, Sanapaná, Guasurangue und Guaraní, zu unserer Zeit noch nackte Wilde mit Lendenschurz, Pfeil und Bogen, kamen von ihren Dörfern herein, in denen sie mittlerweile seßhafte Bauern geworden waren und eigene Schulen und Kirchen hatten. Sie spielten und sangen mit ihren Folkloreharfen und Gitarren die schöne, typisch paraguayische Volksmusik, aber auch christliche Lieder. Wieder ein krasser Unterschied zu früher – wir mußten uns die Augen reiben und zweimal hinschauen, ob das wirklich und wahrhaftig unsere alten nackten Indios waren! Entwicklungshilfe im Kleinformat.

Mit den bei solchen Anlässen üblichen vielen Festreden und Gesängen und anschließendem »Asado« (dem typisch südamerikanischen Spießbraten) für alle Teilnehmer ging das Fest zu Ende, und die Arbeit begann. Außer den Operationen und Sprechstunden, der eigentlichen Routinearbeit, waren dann wie früher die Babyvorsorgeuntersuchungen zu machen, nur hatte sich da etwas ganz Neues eingebürgert. Die Kolonie hatte ja mittlerweile einen eigenen Radiosender, »ZP 30«, der Sendungen in Hochdeutsch, Plattdeutsch und Spanisch sowie in Lengua, Chulupí, Guaraní, Toba und Sanapaná, den fünf hauptsächlichen Indianersprachen, ausstrahlte. Nun wurde vor jeder »Babyklinik«, wie man die Vorsorgeuntersuchung nannte, durch den Sender bekanntgegeben: »Morgen um 3 Uhr findet im Krankenhaus die Babyklinik für alle Babys von Geburt bis zu einem Jahr (oder von einem bis zu drei Jahren usw.) statt, wobei die Impfungen erfolgen. Alle Mütter werden aufgefordert, vollzählig und pünktlich zu erscheinen.« Und sie kamen tatsächlich alle, auch von noch so weit her, so daß die Impfungen der Kinder viel zuverlässiger durchgeführt waren als bei uns in Deutschland, wo die Mütter nach Belieben kommen und es sehr oft auch vergessen. Dann kamen noch die Gesundheitskampagnen, bei denen der Arzt mit seinem Krankenhausteam auf die Dörfer im Busch hinausfuhr und im Schulhaus die ganze Bevölkerung vom Säugling bis zur Urgroßmutter auf die hauptsächlichsten Krankheiten durchuntersuchte. Die Laborantin nahm Blutproben und untersuchte im »dicken Tropfen« auf Malaria, eine der Schwestern untersuchte die mitgebrachten Stuhlproben im Mikroskop auf Hakenwurm und andere Parasiten, der Doktor klappte die Augenlider nach oben und untersuchte auf Trachom, eine sehr verbreitete Augenkrankheit, die zur Erblindung führen kann, wenn sie nicht rechtzeitig behandelt wird. Für größere Dörfer benötigte man einen Tag, so daß der Samstag genommen werden mußte; die kleineren Dörfer konnte man am Mittwochnachmittag erledigen.

Und dann, mitten im schönsten Wirken, bekam ich plötzlich Gelbsucht, also Hepatitis, wie ich sie auch früher schon gehabt hatte, nur war es diesmal ein anderer Erreger! Weil es einem dabei immer unheimlich übel ist, kann man kaum essen, und nach Arbeiten ist einem noch viel weniger zumute. Was tun? Da war ich extra aus Deutschland gekommen, um den Arzt drei Monate lang zu vertreten; wie konnte ich da ins Bett liegen und sagen: »Macht was ihr wollt, ich bin krank!« Also ließ ich mir in der Mittagspause meine Infusion in die Vene geben (früher hatte man diese Infusionen noch gar nicht) und arbeitete weiter, als ob nichts sei. Daß der Doktor gelb war, störte niemand, denn die Gelbsucht ist dort alle Jahre am Ende der Trockenzeit so üblich und so verbreitet, daß man meinen konnte, unter Chinesen zu leben. Mich kostete es zwar eine große Überwindung, durchzuhalten, aber ich habe es überlebt. Die Arbeit war eine echte Abwechslung zu der eines Landarztes in Deutschland: operieren, Kinder zur Welt bringen bei einem bunten Völkergemisch von Deutschen, Paraguayern und Indianern der verschiedenen Stämme.

Ich müßte natürlich lügen, wenn ich behaupten wollte, diese drei Monate seien eine Erholung gewesen, war ich doch wie einstens sieben Tage in der Woche rund um die Uhr im Dienst. Aber diese Zeit war für uns wie die Frucht all unserer Bemühungen und Entbehrungen in jenen dreizehn Jahren. So

wie wir die Früchte von unseren selbstgepflanzten Bäumen pflückten, so ernteten wir Liebe, Zuneigung und Dankbarkeit der Menschen. Und am wirtschaftlichen Aufschwung der Kolonie und der Entwicklung der Indianer sahen wir die gleichen Früchte wie an unseren Bäumen. Das Bewußtsein, daß keine Mark an Spenden- oder Entwicklungshilfegeldern unnütz ausgegeben worden war, ließ unsere Herzen höher schlagen. Welchem Entwicklungshelfer, welchem Missionsarbeiter ist es schon vergönnt, zu Lebzeiten die Früchte seiner Arbeit zu sehen? Das hat uns mit großer Dankbarkeit erfüllt.
Etwas müde und angekratzt kehrten wir nach Hause zurück, wo sich inzwischen auch eine Menge Arbeit in der Praxis angestaut hatte. Meine Patienten begrüßten mich wie üblich mit der Frage: »Hen Se sich gut erholt, Herr Doktor? Hen sich die Schwarze gfrait, wo se Sie gsehe hen?«

Nur ein Tropfen auf den heißen Stein
Ein Einsatz in Bangladesch
Wolfgang Schafnitzl

Die Absicht, den Jahresurlaub in Bangladesch zu verbringen, löst bei Freunden und Bekannten Befremden aus. Man hat ja schon viel Verrücktes gehört, aber warum gerade nach Bangladesch, jenem weißen Fleck auf der Landkarte der Touristikplaner, warum ausgerechnet in ein Land, das nur durch Katastrophenmeldungen in unsere Schlagzeilen kommt? Genauso verstört sehen mich die wenigen Europäer an, die mit mir nach Dacca, der Hauptstadt von Bangladesch, geflogen sind. Sie sind auf dem Sprung nach Katmandu oder nach Indien, alle haben einen sofortigen Weiterflug gebucht. Ich bin der einzige von ihnen, der in Dacca bleibt.
Nach zähen Preisverhandlungen geht die Fahrt im Dreiradtaxi stadteinwärts, vorbei an Reisfeldern, auf denen die zarten Pflanzen eben aus dem Wasser ragen, und an prächtigen Kokospalmen, die allerdings durch den permanenten Staub-

regen ergraut erscheinen, hinein in einen dichten, lauten, stinkenden Großstadtverkehr. Viele Einheimische halten sich Taschentücher vor die Nase. Gegen die Bleidämpfe hilft dies nur wenig.

Ziel meiner Fahrt ist das Notre Dame College der Holy Cross Fathers, das für seine sozialen Aktivitäten bekannt ist. An das College locker angegliedert ist das Projekt der »German Doctors for Developing Countries« – Ärzte für die Dritte Welt. Mit diesem Projekt wollen deutsche Ärzte in ihren Ferien denjenigen Menschen kostenlose medizinische Hilfe anbieten, die auf der Schattenseite des Lebens stehen und die Hoffnung auf Hilfe längst aufgegeben haben – der Slumbevölkerung. Zu oft haben diese Menschen erleben müssen, daß internationale Hilfsgelder nach Überschwemmungskatastrophen oder Taifunen die wirklich Bedürftigen nicht erreicht haben, sondern in den Taschen weniger hängengeblieben sind, daß permanente Nahrungsmittelhilfen der EG zwar einen beträchtlichen Teil des Staatshaushalts finanzieren, aber die Armen nichts davon bekommen und hungrig bleiben. Wie überall auf der Welt, so ist auch in Bangladesch die Lobby der Armen schwach. Das wahre Gefälle zwischen arm und reich ist hier noch ganz elementar definiert: Es ist der Unterschied zwischen einem vollen und einem leeren Magen. Während wir also über unser Übergewicht nachdenken, sorgen sich die Bangladeschi, wo sie ihren Magen füllen können. Insbesondere in den Slums reicht es oft nur zu Reis und ein bißchen Gemüse, zur sprichwörtlichen »Handvoll Reis«. Das Essen ist einseitig, der Geldbeutel entscheidet über den Speiseplan.

Bangladesch, das frühere Ost-Pakistan, ist eines der ärmsten Länder der Welt. Diese statistische Angabe sagt allerdings relativ wenig über die bittere Realität aus. Zur statistisch nachweisbaren Armut tritt noch ein Verteilungsproblem hinzu, das die soziale Lage weiter verschärft. Dies zeigt sich auch auf dem Gesundheitssektor: Pro Kopf und Jahr wird in Bangladesch ein US-Dollar für das Gesundheitssystem ausgegeben. Suggeriert dies auch eine gleichmäßige Verteilung, so haben in Wirklichkeit doch die im Staatsapparat Tätigen eine nahezu optimale Gesundheitsversorgung, die große Masse der Bevölkerung dagegen fast keine. Um einen Arztbesuch und die rezeptierten Medikamente zu bezahlen, müssen die Leute oft die letzten Schmuckstücke, die sie durch andere Notlagen hindurch retten konnten, zum Pfandleiher tragen. Eine schwere Erkrankung eines Familienmitglieds hat schon manche Familie an den Bettelstab und damit an das Existenzminimum gebracht.

Dieser grenzenlosen Not versuchen wir Ärzte für die Dritte Welt etwas entgegenzustellen: eine kostenfreie ärztliche Behandlung und medikamentöse Versorgung der Bevölkerung der Elendsviertel. Mit einfachsten Mitteln (Stethoskop, Ohrenspiegel und Fieberthermometer) und mancher Improvisation zum Ausgleich des Mangels an technischen Möglichkeiten bemühen wir uns, eine Basisversorgung der Slumbevölkerung sicherzustellen. Um dabei über die Diagnose zur richtigen Therapie zu kommen, muß man allerdings einige Hindernisse überwinden und Umwege in Kauf nehmen.

Das Schwierigste ist zweifellos die Sprache. Zwar helfen die wenigen Sätze Bengali, die ich mir zu Hause in einem dreimonatigen Intensivkurs angeeignet habe, ein bißchen weiter und erheitern auch die Menschen, reichen aber bei weitem nicht aus, die vielen psychosozialen Facetten einer Krankheit zu erfassen. Ohne unsere Dolmetscherin (Bengali-Englisch) ginge also herzlich wenig. Hoffnungslos verloren sind wir, wenn wir bengalische Schriftstücke entziffern sollen – die komplizierte Schrift erinnert an die ägyptischen Hieroglyphen (die vielen Analphabeten in Bangladesch, 75 %, haben mein vollstes Verständnis). Auch hier erfolgt der Umweg über die schriftkundigen Übersetzerinnen.

Schwer zu erfassen sind auch Hauterkrankungen, die sich auf dunkler Haut ganz anders und für uns ungewohnt darstellen. So manche Hautrotung, die in unseren Breiten für die Diagnosestellung ausreicht (z. B. bei Masern), ist auf besonders dunkler Haut überhaupt nicht zu erkennen.

So sitzen wir also fünf Tage pro Woche in den unterschiedlichen Slums in primitiven Hütten ohne Wasseranschluß und halten Sprechstunde. Zu zweit haben wir täglich 120 bis 150 Patienten zu versorgen. Mit der Fahrradrikscha fahren wir zum jeweiligen Einsatzort. In der verbleibenden Zeit gilt es zu verfolgen, was aus unseren Patienten, die wir ins Krankenhaus einweisen mußten, geworden ist. Besonderes Interesse haben wir an Kontakten zu den einheimischen Ärzten, um über sie eine bessere Versorgung im Krankenhaus zu erreichen, aber auch um zu erfahren, welche Krankenhäuser sich auf welche Weise spezialisiert haben und in welchem Umfang sie zur Zusammenarbeit bereit sind. Dreimal haben wir beispielsweise versucht, einen Patienten mit rheumatischem Fieber und dickem Kniegelenkserguß in irgendeinem Krankenhaus unterzubringen – ohne Erfolg, er war nicht krank genug! Auch unsere Abende sind ausgefüllt. Wir bereiten Unterrichtsstunden für die Weiterbildung unserer Mitarbeiter vor, füllen Medikamente nach, fassen Bestellungen für den Apotheker zusammen und versuchen insbesondere, die leidige Buchführung mit den vielen Abrechnungen in den Griff zu bekommen.

Das Spektrum an Krankheiten, das uns hier erwartet, ist riesig. Vielen gemeinsam ist die soziale Komponente, die die Krankheiten mit verursacht und unterhält und die Behandlung verhindert. Auch unsere Möglichkeiten werden durch die sozialen Gegebenheiten eingeschränkt.

Den Patienten, die nicht ausreichend zu essen haben und bei leerem Magen immer wieder mit Oberbauchschmerzen reagieren, müßte man eigentlich eine »Essenskur« verschreiben. Uns bleibt nichts anderes übrig, als Antazida zu verabreichen, um so wenigstens die Gastritis zum Abheilen zu bringen und den Patienten vom Schmerz zu befreien. An besonders Arme, die wir an der verwaschenen Kleidung oder daran erkennen, daß sie keine Schuhe besitzen, verschenken wir gelegentlich in kleinen Portionen sogenannten Dal, proteinreiche, einheimische Linsen.

Vor fast unlösbare Probleme stellen uns die mit Würmern prall gefüllten Bäuche der Kinder, die nicht mehr essen wollen und über Bauchschmerzen und Juckreiz klagen. Die meisten dieser Wurmerkrankungen würden sich bei ausreichender Hygiene von selbst limitieren. Doch davon ist man in den ärmeren Schichten weit entfernt. Keine der in Bambusleichtbauweise gefertigten Hütten hat einen Wasseranschluß, geschweige denn eine Toilette; Toilettenpapier ist ein ausgesprochener Luxusartikel. Traditionell wird mit den Fingern gegessen, genauer gesagt mit der rechten Hand, die linke dagegen ist für den Bereich unterhalb der Gürtellinie reserviert. Kinder achten darauf noch nicht, und auch Erwachsene helfen gelegentlich mit der linken Hand nach. Und so entsteht ein ewiger Zyklus an Wurmerkrankungen, der nur dadurch, daß der Organismus teilresistent wird, allmählich zum Stillstand kommt.

Veränderungen der hygienischen Bedingungen sind also das oberste Gebot. Besonders Müttern und Kindern gilt es beizubringen, die Hände vor dem Essen mit Billigseife gründlich zu waschen. Das Toilettenpapier dagegen ist nicht der springende Punkt, im Gegenteil: Es wäre eine ökologische Katastrophe, wenn 120 Millionen Bengalen ab sofort Toilettenpapier benutzen würden – die letzten Wälder wären im Nu abgeholzt

Auf dem kurativen Sektor bleibt vorerst nichts anderes übrig, als die Kinder des öfteren einer Wurmkur zu unterziehen. Natürliche wurmeliminierende Mittel wie die Papaya sind für die Armen eine nahezu unerschwinglich teure Alternative.

Die häufig anzutreffenden Durchfallerkrankungen bei Säuglingen und Kleinkindern sind eine weitere Folge mangelnder Hygiene. Ausgelöst werden sie oft über die durch die zahlreichen Geburten und den harten Lebenskampf ausgemergelten und früh gealterten Mütter, die nicht genügend Milch zum Stillen des Säuglings haben. Wird das gekaufte Milchpulver mit nicht abgekochtem Wasser zubereitet und in Fläschchen abgefüllt, deren Sauberkeit zu wünschen übrig läßt, so wundert das Auftreten von Durchfallerkrankungen nicht. Dabei trocknen Kleinkinder und Säuglinge sehr schnell aus, was fatalerweise von den Müttern unterstützt wird, die den Kindern weniger zum Trinken geben, um den Durchfall einzudämmen. Viele Kleinkinder sterben infolge dieses wohlgemeinten, in der Wirkung aber katastrophalen mütterlichen Reflexes. Ansatzpunkt für uns ist nicht die Verabreichung irgendwelcher mehr oder weniger wirksamer Medikamente zur Durchfallsminderung, sondern der Ausgleich des Wasser- und Mineralstoffverlusts durch eine einfache, zu Hause selbst herstellbare Elektrolytlösung, auch Zucker und Salz. Ziel ist die Hilfe zur Selbsthilfe, so daß die Mütter bei den ersten Durchfallsanzeichen bereits mit dieser nachgewiesenermaßen effektiven Methode ansetzen können. Die beste Durchfallsprophylaxe ist jedoch nach wie vor das Stillen der Säuglinge.

Besondere Schwierigkeiten bereiten die rezidivierenden Diarrhöen bei unterernährten Kindern – gerade die Unterernährung mit daraus resultierendem Proteinmangel führt zur Abwehrschwäche des Organismus und zur Infektionsanfälligkeit. Die Durchfallepisoden werden immer häufiger, und jede führt zu weiterem Gewichtsverlust oder zumindest zu Wachstumsbehinderung.

Auch wenn es zunächst schwer vorstellbar erscheint: Erkältung und Bronchitis sind hier ebenso anzutreffen wie in Europa, wenngleich mit anderem Akzent. Für Menschen, die acht Monate im Jahr in der Hitze eines Backofens leben, ist ein nächtlicher Temperaturabfall auf 10 Grad Celsius im Winter eine schaurige Kälte, zumal die winddurchlässigen Hütten der Slums für den Sommer gebaut sind und das Kleidungsstück, das die Menschen anhaben, manchmal das einzige ist, das sie besitzen. Decken sind nahezu unerschwinglich. Eine Heizung existiert nicht und wäre auch sinnlos bei dem Luftdurchzug; das Brennmaterial ist zu teuer, als daß es zum Heizen verschwendet werden könnte. Die Folge ist, daß die Menschen, die ohnehin auf engstem Raum zusammenleben, noch enger zusammenrücken und somit ideale Bedingungen für die Übertragung von Krankheiten schaffen. Außer der unkontrollierten Luftverschmutzung durch den Verkehr und dem Rauchen von einheimischen filterlosen Zigaretten (Bidis) hat die Bronchitis noch andere Ursachen: Gekocht wird auf offenem Feuer, als Brennmaterial dienen meist getrocknete Kuhfladen, die besonders stark qualmen, wenn sie noch etwas feucht sind.

Die einfache Bronchitis und die »common cold« müssen außerdem von der Bronchitis mit chronischem Verlauf und asthmaartigen Anfällen, von Lungenentzündung und Tuberkulose abgegrenzt werden, was ohne Röntgeneinrichtung äußerst schwierig sein kann. Erschwert wird das Ganze noch dadurch, daß die zeitlichen Angaben der Patienten ausgesprochen vage ausfallen. So bekommt man häufig auf die Frage, wie lange die Beschwerden schon bestehen, die schlichte Antwort: »Viele Tage.« Manche Patienten haben sich auf das Betelkauen verlegt, um den Hunger etwas zu besänftigen. Mund und Rachen (inklusive Lippen und Zähne) verfärben sich dabei rot, und auch das, was ausgespuckt wird, ist rot wie Blut. Hustet ein Tuberkulose-Patient dann tatsächlich Blut, so kann dies leicht übersehen werden. Abgesehen davon ist die Rachendiagnostik so gut wie unmöglich.

Es gibt eine Berufssparte in Dacca, die durchaus mit unseren Leistungssportlern verglichen werden kann: die über hunderttausend Fahrradrikschafahrer, die Tag für Tag ungeachtet der glühenden Sonne mit Temperaturen um 40 Grad Celsius im Schatten, peitschender Monsunregen oder klirrender Kälte im Winter schwerste Arbeit für ein bißchen Geld verrichten. Meist haben sie nicht einmal eine eigene Rikscha, sondern müssen abends einen Teil ihres Verdienstes als Miete abgeben. Schätzungsweise sechs bis acht Familienmitglieder müssen sie mit ihren kümmerlichen Einnahmen (5–6 DM pro Tag) unterhalten. Von einer ausreichenden Ernährung kann dabei nicht die Rede sein; oftmals haben sie nicht einmal Schuhe, um richtig in die Pedale treten zu können. Dem permanenten Verschleiß kann kaum einer länger als 20 Jahre standhalten. Sobald ein Fahrer ausfällt, tritt der nächste aus dem Heer der Arbeitslosen an seine Stelle. Schließlich ist für viele Landflüchtige die Rikscha der rettende Strohhalm. Zu uns kommen immer wieder Rikschafahrer mit Rückenschmerzen, die auf verhärtete Muskulatur oder Gelenkverschleiß zurückzuführen sind. Heißes Senföl, das relativ preiswert zu haben ist, empfehlen wir als Massageöl, und für besonders schlimme Tage bekommen sie eine eiserne Ration von entzündungshemmenden, schmerzstillenden Medikamenten.

Nur zu verständlich ist es, wenn der Rikschafahrer möglichst viele Kinder haben möchte, um im Alter, wenn er arbeitsunfähig geworden ist, zumindest das Überleben gesichert zu wissen. Angesichts dieser existentiellen Motivation laufen Geburtenkontrollmaßnahmen weitgehend ins Leere, so notwendig sie auch, auf die Gesamtentwicklung des Landes bezogen, sein mögen. Solange nicht zumindest Ansätze eines sozialen Netzes aufgebaut sind, besteht keine wirkliche Aussicht auf eine ausreichende Geburtenkontrolle, wenn man von Zwangsmaßnahmen, etwa Sterilisation gegen Geld oder ähnlichem, absieht.

Die Armut in der Dritten Welt ist nicht primär durch die Bevölkerungsexplosion verursacht, wie immer wieder simplifizierend behauptet wird; vielmehr ist der hohe Bevölkerungszuwachs eine Folge der Armut und der sozialen Unsicherheit. Kinder sind die einzige zur Verfügung stehende Altersversorgung.

Wir Ärzte versuchen zweierlei, um diese Problematik zumindest etwas abzuschwächen: Zum einen empfehlen wir den Müttern, ihre Kinder möglichst lange zu stillen, denn dadurch entsteht ein gewisser Fertilitätsschutz, der im Idealfall zur Folge hat, daß nur alle zwei bis drei Jahre ein Kind zur Welt kommt und so die Rahmenbedingungen für die aufwachsenden Kinder verbessert werden. Andererseits hoffen wir, daß unser besonderes Bemühen um die Kleinkinder auch zu einer Senkung der Kindersterblichkeit führen wird. Langfristig sollte sich damit der Wunsch nach einer hohen Kinderzahl mindern lassen. Das Verteilen von Verhütungsmitteln als einzige Maßnahme bringt dagegen keine Lösung des Problems. Wie könnte man eine Mutter kritisieren, die sieben Kinder in die Welt gesetzt hat, wobei nur vier überlebt haben, wenn man bedenkt, daß in Bangladesch nur die Söhne für die Altersversorgung der Eltern entscheidend sind?

Auf dem präventiven Sektor sind in Bangladesch nicht nur die hygienischen Verhältnisse unzureichend, auch der Impfstatus liegt im argen. Die hohe Säuglingssterblichkeit (12,3 %) ist nicht zuletzt auf die erschreckend hohe Zahl an Neugeborenen-Tetanus zurückzuführen. Über dieses Krankheitsbild findet man in unseren Lehrbüchern für Kinderheilkunde kaum mehr als einen Satz; die Wirklichkeit in Entwicklungsländern, speziell in Bangladesch, sieht aber anders aus: Die häufigste Todesursache von Säuglingen unter einem Monat ist hier nach wie vor der Neugeborenen-Wundstarrkrampf. Voraussetzungen zur Lösung dieses Problems wären ein ausreichender Impfstatus bei Schwangeren sowie eine saubere Geburtshilfe. Leider erschwert die in diesem Bereich herrschende Tabuisierung – der Geburtsvorgang und die nachfolgenden 40 Tage gelten als unrein – den Zugang zum Problem. In Zusammenarbeit mit der irischen Gruppe »Concern«, die ein System von 25 Gesundheitsarbeitern unterhält und vor allem auch regelmäßige Hausbesuche macht, versuchen wir, einer Lösung näherzukommen.

Gestaunt habe ich des öfteren über die Häufigkeit von Trommelfelldefekten bei Kindern mit begleitenden chronisch-rezidivierenden Mittelohrentzündungen, bis ich der Ursache auf die Spur gekommen bin. Bei uns ist das Q-Tips-Phänomen bekannt – in Bangladesch reinigen die Mütter mit Sicherheitsnadeln die Ohren der Kinder. Dabei kann es schon einmal passieren, daß die Nadel falsch herum genommen wird und aufgeht; vor allem aber wird das Ohrenschmalz nach hinten gestoßen und gepreßt, was weitere, intensivere Manipulationen provoziert. Ist erst einmal ein Trommelfelldefekt da, so ist der Leidensweg für viele Jahre vorgezeichnet. Im Akutstadium helfen unsere Abschwellung bewirkenden Nasentropfen recht gut für die Belüftung des Mittelohrs, beim chronisch-rezidivierenden Verlauf ist aber guter Rat teuer, weil auch Antibiotika bei zunehmender Resistenz nicht mehr richtig greifen.

Ein Zuviel an Sauberkeitsbestreben habe ich bei einer ganz anderen Berufssparte wahrgenommen: Der Metzger an der Ecke hatte sein Fleisch zum Verkauf ausgebreitet. Damit sich keine Fliegen daraufsetzten – das ist bekanntlich unhygienisch –, besprühte er das Fleisch regelmäßig mit Paralspray. Die westliche Zivilisation hat Einzug gehalten.

Viele unserer medizinischen Probleme können wir nur in Zusammenarbeit mit verschiedenen Krankenhäusern lösen, deren medizintechnische Ausrüstung sogar ganz zufriedenstellend ist. Ob ein Patient behandelt oder abgewiesen wird, ist in der Dritten Welt keine Frage des technisch Machbaren, sondern in erster Linie eine Frage des Geldes. Wie in einem Supermarkt bekommt derjenige, der bezahlen kann, alles, und derjenige, der kein Geld hat, (fast) nichts.

Dies wird nicht zuletzt bei einem Besuch in der Kinderklinik in Dacca deutlich: Was sollen die engagierten Kinderärzte dort tun, wenn die Klinik nicht über ausreichende Finanzmittel verfügt und die Eltern kein Geld haben, um teure Medikamente in der auswärtigen Apotheke zu kaufen? Wenn zur Behandlung einer kindlichen Hirnhautentzündung sechsmal eine Million Einheiten Penicillin pro Tag erforderlich sind, aber lediglich zwei Millionen pro Tag zur Verfügung gestellt werden können, bleibt nur die Hoffnung, daß der kleine Patient trotzdem überlebt.

Daraus ergibt sich für uns ein weiterer Ansatzpunkt: Für dringend notwendige Behandlungen und Operationen, für die der Staat nicht aufkommt, übernehmen wir je nach Bedürftigkeit die gesamten oder einen Teil der Kosten. Der hier

sehr häufige graue Star zum Beispiel, der zur zunehmenden Einschränkung des Sehvermögens führt, kann für 250 Taka (etwa 14 DM) operiert werden. Voraussetzung ist allerdings, daß der Patient den Betrag, der etwa den dreifachen Tagesverdienst eines Rikschafahrers ausmacht, aufbringen kann. In solchen Fällen springen wir ein; gleiches gilt für einfache Laborleistungen und Röntgenuntersuchungen.
Die Ankündigung, auf den Urlaub zu verzichten und sich an einem derartigen Projekt zu beteiligen, löst recht unterschiedliche Reaktionen aus, die von Zustimmung und Unterstützung, oft gepaart mit einem schlechten Gewissen, bis zur mehr oder weniger neutralen Ablehnung reichen. Manche unterstellen religiöse Motive in der Annahme, die Religion habe die Humanität für sich gepachtet. Zu meiner Überraschung wird mir in Bangladesch die gleiche Frage gestellt. Entweder kann man es sich nicht vorstellen, daß ich hier tatsächlich ohne Bezahlung arbeite, oder aber man vermutet »missionary activities«, von denen ich weit entfernt bin. Das nicht zweckgebundene, nicht auf den eigenen Vorteil ausgerichtete Helfenwollen paßt nicht in unsere von Karriere, Wachstum und Erfolg bestimmten Denkstrukturen. Und doch gibt es etwas anderes. Ich kehre zwar mit halbleeren Koffern, aber dennoch reich beschenkt nach Deutschland zurück.

Ein Missionseinsatz in Kamerun
Gerhard Dollinger

Wir hatten während mehrerer Jahre viele schwere Erlebnisse und waren oft so weit, daß wir an Gottes Liebe zweifelten. Unsere seelische Verfassung war auf einem Tiefstand, und wir hatten das Gefühl, daß wir einmal weit, weit weg müßten, um Abstand zu allem zu bekommen und wieder zu uns selbst zurückzufinden, damit wir nicht den Rest unseres Lebens in Selbstmitleid und Pessimismus zubrachten.
Was tun? Wohin reisen? Eine Kreuzfahrt durch die Welt-

meere mit Neckermann? Eine Fahrt mit dem »Traumschiff«? In Gesellschaft von lauter alten reichen Leuten, von morgens bis abends mit Leckerbissen vollgestopft werden? Das würde nicht zu uns passen, wußten wir beide, und es würde außerdem nicht den gewünschten Zweck erfüllen.

Gerade da kam ein Brief von einem meiner früheren Assistenten, Holger Tubbesing, der von der Christoffel-Blindenmission als Augenarzt nach Kamerun ausgesandt war. Er schrieb, an seinem Krankenhaus herrsche ein katastrophaler Ärztenotstand, und sie könnten gut einen Allgemeinarzt für die großen Ambulanzen brauchen. Erika und ich betrachteten dies als einen Fingerzeig Gottes, und ich bot mich an, einzuspringen, was auch dankend angenommen wurde. Mein Sohn Cornelius und seine Frau Carmen willigten ein, während unserer Abwesenheit die Mehrarbeit auf sich zu nehmen, und so stand der Ausreise nichts mehr im Wege.

Leider hatten sich aber seit meinen letzten Einsätzen in Afrika die Verhältnisse gründlich geändert. Während ich mich früher auf einen solchen Hilferuf hin ins Flugzeug setzte, am anderen Morgen in Afrika war und am selben Tag im Busch schon zwei oder drei Operationen gemacht hatte – also alles innerhalb von 24 Stunden! –, sollte ich diesmal meine sämtlichen Dokumente wie Doktordiplom, Arztapprobation, Facharztanerkennungen, Lebenslauf, polizeiliches Führungszeugnis, Antrag auf Eintrag ins kamerunische Arztregister, alles in amtlich beglaubigter französischer Übersetzung, an den Gesundheitsminister von Kamerun senden! Obwohl mich das einigermaßen wurmte, da ich ja nur helfen, aber kein Geld verdienen wollte, scheute ich doch weder Mühe noch Kosten und reichte brav alles ein, was man von mir wollte.

Die Antwort ließ auf sich warten, es vergingen einige Monate, aber schließlich kam ein Anruf aus Kamerun, ich könne kommen. Wir wollten nur noch die Geburt unseres Enkelkindes Mathis, Kais Sohn, abwarten, und als der Bub da war und wir ihn begrüßt hatten, flogen wir los, von Frankfurt nach

Brüssel mit der Lufthansa, von Brüssel nach Duala mit der Sabena, da diese Linie für Missionsleute bedeutende Ermäßigungen gibt – ein Ticket ist 2000 DM billiger! –, von Duala mit Cameroun Airlines nach unserem Bestimmungsort Ngaoundéré, hoch im Norden Kameruns gelegen.
Wir erlebten ein neues Afrika. Duala ist eine moderne Großstadt mit 850000 Einwohnern, breiten Straßen und Hochhäusern, wie man sie in jeder anderen Großstadt auch findet. Obwohl es der 4. Januar war, herrschte eine schwüle, drükkende Hitze; so nahe am Äquator ist es natürlich fast immer gleich heiß. Beim Verlassen des Flugzeugs glaubten wir, in ein Treibhaus zu kommen. Eine sehr nette deutsche Dame aus Kassel, mit einem Inder verheiratet und in Duala wohnhaft, empfing uns am Flughafen in original indischem Sari. Da sie weiße Haare hatte, fiel es gar nicht auf, daß sie keine echte Inderin war. Frau Sarma – so hieß sie – nahm uns mit zu sich nach Hause. Sie und ihr Mann bewohnten im zehnten Stockwerk eines Hochhauses eine sehr luxuriöse Wohnung, die – wie die beiden uns erzählten – 3000 DM Miete im Monat kostete! So teuer seien alle Mieten für derartige Wohnungen, und daher könnten sie sich auch nur Ausländer, Diplomaten und Direktoren von Industrieunternehmen, oder aber führende kamerunische Politiker und Regierungsbeamte leisten. Wir aßen zu Abend, übernachteten dort, und am anderen Morgen brachte uns das freundliche Ehepaar zeitig um 6 Uhr auf den Flughafen.
Das kamerunische Flugzeug, eine Boeing 727, war bis auf den letzten Platz besetzt mit lauter Afrikanern, wir waren die einzigen Weißen. Auch das gesamte Flugpersonal vom Kapitän bis zur Stewardeß war afrikanisch. Die schwarzen Damen waren mit Gold und Juwelen behängt und in echte französische Modelle gekleidet – Pariser Chic! –, die Herren trugen elegante Tropenanzüge, aber mit Hemd und Krawatte, und wir wußten nicht, wie uns geschah. Hatte ich doch bei meinem letzten Einsatz in Afrika acht Jahre zuvor noch echte »Leafladies«, »Blätterdamen«, das heißt nackte Frauen mit

nichts als einem Büschel Blättern vor dem Geschlechtsteil gesehen!

Während ich früher ausschließlich in Buschkrankenhäusern gearbeitet hatte, lag mein jetziger Arbeitsplatz in oder vielmehr einen Kilometer vor der Stadt Ngaoundéré, die 70000 Einwohner hat. Der Name sieht für uns schier unaussprechlich aus, ist es aber gar nicht; man sagt einfach »Gáundere«. Das N wird kaum hörbar gesprochen, und die komplizierte Schreibweise rührt daher, daß Französisch die offizielle Landessprache ist und man eben so schreiben muß, um das Wort korrekt aussprechen zu können, wenn man Franzose ist. Kamerun hat noch einen kleinen englischsprechenden Landesteil, der im Verhältnis zu seiner Größe viel dichter besiedelt ist als das übrige Land, und so ist Englisch die zweite offizielle Sprache. Kamerun ist doppelt so groß wie die Bundesrepublik Deutschland, hat aber nur achteinhalb Millionen Einwohner, von denen etwa zweieinhalb Millionen in Groß- und Mittelstädten wohnen; der Rest ist dünn über das ganze große Land verstreut. Es soll zweihundert verschiedene Sprachen in Kamerun geben, nicht etwa Dialekte, die sich ähneln, und so müssen alle Kinder schon vom Kindergarten an entweder Französisch oder Englisch neben ihrer örtlichen Landessprache lernen. Die letztere wird nur in der Grundschule unterrichtet, in der Oberschule müssen beide Landessprachen sowie eine dritte Fremdsprache – meist ist dies Deutsch – gelernt werden. Die meisten Kameruner können neben diesen Fremdsprachen noch zwei oder drei Eingeborenensprachen, und es gibt eine Menge »Polyglotten«, die sogar bis zu zehn Sprachen sprechen. Kommt zum Beispiel ein Patient von einem weit entfernten Landesteil ins Krankenhaus und versteht ihn niemand, dann ruft man einen der Pfleger, der polyglott ist, und so klappt die Verständigung meistens. Man sagt uns, daß der Analphabetenanteil der Bevölkerung in Kamerun niedriger ist als in irgendeinem anderen afrikanischen Land. Ich staune, als ich in der Augensprechstunde erlebe, wie eine uralte Großmutter zur Sehprüfung eine Bibel in die

Hand gedrückt bekommt und ganz selbstverständlich zu lesen anfängt. »Sie müssen bedenken, daß die katholischen und evangelischen Missionare schon vor hundert Jahren hier Schulen gegründet haben, daß also schon die vierte Generation schreiben und lesen kann«, sagt man mir.
Was Fremden wie uns hier sofort ins Auge fällt, ist als erstes der ungeheure Einbruch der Technik, mit dem alles andere gar nicht Schritt halten kann. Es ist also keine natürliche Entwicklung, wie sie bei uns daheim in Jahrhunderten stattgefunden hat. Die Straßen Ngaoundérés sind so voll von Autos und Motorrädern, daß man kaum durchkommt, Lautsprecher dröhnen von überall her, man läuft mit dem »Walkman« spazieren, in den Kinos gibt es Western, Thriller und Horrorfilme, aber nur wenige Straßen sind asphaltiert, beleuchtet und auf beiden Seiten von einstöckigen Ladengeschäften und einigen Regierungsgebäuden flankiert, die restlichen Straßen sind bloße Erdwege, die Häuser sind eine wahllos hingestreute Ansammlung von schäbigen kleinen Lehmhüttchen, von denen der Kalk abblättert und deren Blechdächer verrostet sind. Es gibt keine Wasserleitung, sondern nur die öffentlichen Wasserzapfstellen an den Straßenkreuzungen, und es gibt weder Müllabfuhr noch Kanalisation, wenn man die offenen betonierten Straßengräben nicht als solche bezeichnen will. In diese Gräben wirft jeder seinen Abfall hinein, wohl in der Hoffnung, daß der nächste große Regen alles wegspülen wird. Da es aber seit fünf Monaten nicht einen Tropfen geregnet hat, gleicht die ganze »Stadt« einer riesigen Mülldeponie, in der Ziegen, Schafe und Hühner nach etwas Eßbarem scharren. Es gibt ein paar große Märkte, auf denen alles offen feilgehalten wird. Als Erika zum erstenmal einkaufen ging und am Metzgerstand Fleisch, Därme, Gekröse, Knochen, Häute, Köpfe, Haxen und getrocknete Fischköpfe mit Fliegen übersät und zum Himmel stinkend offen herumliegen sah, war sie einer Ohnmacht nahe, und wir beschlossen, vegetarisch zu leben, solange wir hier sind. (Wir haben aber doch ab und zu bei Familie Tubbe-

sing Fleisch und Fisch gegessen, wenn Wild oder Fisch von den Schützen oder Fischern direkt am Haus angeboten wurde.)

Einen krassen Gegensatz dazu bildet der relativ große Kleideraufwand. Etwa neunzig Prozent der Bevölkerung gehen noch in der Volkstracht (die europäisch Gekleideten sind meist Akademiker), die Damen in Kleidern aus oft sehr teuren Stoffen mit Lochstickerei oder aus Samt und Seide, die Männer in angesichts der großen Hitze unsinnig scheinenden Gewändern, zu denen Kilometer von Stoff verarbeitet zu sein scheinen, meist weiß, aber auch papageienbunt in allen Regenbogenfarben schillernd; ihre Kopfbedeckung ist das obligate gestickte Käppi. Alle, ausnahmslos bis zum kleinsten Baby, tragen Schuhe, nach italienischen Modellen von »Bata« mit Billigstmaterial nachgearbeitet, das Paar zu 20–30 DM umgerechnet.

Was als zweites auffällt, ist das große Sozialgefälle zwischen Stadt- und Landvolk. Es muß bei uns zu Hause vor der Industrialisierung wohl auch geherrscht haben, hat sich aber, seit man mit dem Auto vom Land zur Arbeit in die Stadt fährt, eher zugunsten der Landbevölkerung verschoben. Hier kann man schon an der Kleidung beim ersten Blick sehen, wer vom Land hereinkommt, wer also arm ist.

Ngaoundéré liegt auf einer Hochebene, 1100 m hoch, und ist rings umgeben von vulkanischen Bergkegeln, die mit riesigen, Hausgröße erreichenden Steinblöcken übersät sind. Dazwischen pflanzen die Bauern auf der wenigen Erde ihre Maniokwurzeln und ein paar gelbe Rüben an, die zusammen mit Bananen, die hier überall wachsen, Papayas und Mangofrüchten die Hauptnahrung bilden. An Festtagen wird eine Ziege oder ein Huhn geschlachtet, sonst ist die Kost meist vegetarisch. Weiter im Norden, wo die Vulkanberge zu Ende sind, das Land ebener wird und zwischen Busch und Savanne wechselt, gegen den Tschadsee zu, wird Viehzucht betrieben, aber noch rein extensiv, das heißt daß die Viehherden ohne gepflanzte Weiden frei zwischen Busch und Savanne umher-

streifen, um ihre kärgliche Nahrung zu finden. Jetzt in der Trockenzeit ist alles braun bis auf den Busch, der offenbar auch bei der längsten Dürreperiode grünt und blüht; und so, wie bei uns das Vieh im Winter mit Heu gefüttert wird, frißt es eben hier Heu auf dem Halm. Gerade jetzt um diese Zeit zünden die Menschen das trockene Gras an, das Feuer rast über die Savannen, über die Berge und durch den Busch, schauerlich anzusehen, und nachher sieht die ganze Landschaft öde und schwarzverbrannt aus. Angeblich sprießen auch ohne Regen aus den verbrannten Stümpfen und Strünken sofort grüne Spitzen hervor, die das Vieh lieber frißt als das harte, trockene Gras. Daß der Boden auf diese Weise nie den nötigen Humus bekommt und immer ärmer wird, scheint sich noch nicht bis hierher herumgesprochen zu haben, obwohl es allerorten staatliche landwirtschaftliche Versuchsstationen gibt. Auch das scheint mir ein Grund für die immer wieder auftretenden Hungersnöte in Afrika zu sein.
Was uns stets von neuem verwundert, ist, daß es trotz der anhaltenden Dürre keinen Wassermangel zu geben scheint, wie wir es vom Chaco in Paraguay her gewohnt waren. Ich glaube, daß sich während der Regenzeit ein großer Grundwasservorrat ansammelt, der infolge des felsigen Untergrunds nicht so leicht versickert, und so hat jedes Gehöft – oder auch ein paar zusammen – einen tiefen Brunnen, in dem offensichtlich das Wasser nie versiegt. Hier auf der Missionsstation werden morgens und abends die Blumen- und Gemüsegärten gespritzt; man benutzt WCs und aast mit Wasser – für uns alte Chaqueños ganz unvorstellbar und ungewohnt, da wir dort während der Trockenzeit mit jedem Tropfen Wasser geizen mußten.
Die Hitze ist der hohen Lage wegen nicht allzu groß, kaum über 35 Grad im Schatten. Aber die Luft ist so ungeheuer trocken, daß man keinen Tropfen Schweiß vergießen kann. Aus der Wüste Sahara herüber kommt der »Harmattan«, der Wüstenwind, der Wolken feinsten Staubes mitbringt, so daß alles wie im Nebel liegt. Der Staub dringt so in die Luftröhre

und in die Bronchien ein, daß wir während der ersten drei Wochen nächtelang nichts als gehustet haben, sobald wir uns flachlegten. Dann haben wir uns ausgedacht, vor dem Schlafengehen einen Kopf- und Bronchiendampf zu machen, im Schlafzimmer lauter nasse Tücher aufzuhängen und die Fenster zu schließen – ausgerechnet wir, die zu Hause selbst bei minus 20 Grad bei offenem Fenster schlafen –, und seither hat der Husten aufgehört, und wir schlafen durch. Dafür träumen wir aber jede Nacht das verwunderlichste Zeug von Leuten, die wir oft jahrelang nicht gesehen haben oder die schon längst tot sind. Morgens beim Aufwachen erzählen wir uns dann unsere Träume und lachen darüber.

Die Missionsstation ist ein beachtliches Unternehmen. Sie wurde um 1935 von norwegischen Lutheranern gegründet und umfaßt jetzt außer dem Krankenhaus noch Internatsschulen vom Kindergarten bis zum Abitur mit mehreren hundert Schülern. Dementsprechend sind auch sehr viele Missionare hier; ich glaube, es wohnen etwa 50 Familien auf dem Gelände, die meisten Norweger, echte »Nordmannen« mit Rudeln weißblonder Kinder, die sich zwischen ihren schwarzen Spielkameraden besonders lustig ausnehmen. Bei diesem Umfang ist es natürlich, daß auch noch die verschiedensten Handwerkermissionare da sind. So gibt es zum Beispiel eine eigene Schreinerwerkstatt, die alle Möbel, die gebraucht werden, herstellt. Möbel und Hauseinrichtungen sind im Stil echt skandinavisch, also einfach und geschmackvoll. Ferner gibt es eine eigene Autoreparaturwerkstatt und ein Tonstudio, in dem Rundfunksendungen zusammengestellt und Tonbänder aufgenommen werden. Dazu kommt der Verwaltungsapparat mit Sekretärinnen, Sekretären, Buchhaltern, Betriebswirten. Unter dem ganzen Missionspersonal sind, glaube ich, nur ein oder zwei Pfarrer. Ein Teil der Missionare sind Amerikaner, ebenfalls Lutheraner, samt und sonders skandinavischer oder deutscher Abstammung, was man sofort an ihren Namen merkt. Da es so viele Kinder gibt, haben die Norweger eine eigene Schule für Missionarskinder eingerichtet, damit diese, wenn sie heimkommen, nahtlos weiter in ihre Schulen gehen können. In Norwegen müssen alle Kinder neun Jahre in die gleiche Schule gehen, danach kommen noch drei Jahre Gymnasium bis zum Abitur. Das finde ich praktisch; so haben die Missionare bei der Heimkehr nicht die Schulschwierigkeiten mit ihren Kindern, wie wir sie hatten.

Zusätzlich arbeiten hier noch die französischen »Coopérons«, das sind junge Männer, die statt ihres Militärdienstes einen Einsatz in Entwicklungsländern ableisten. Meist sind es Lehrer, sehr nette Burschen darunter, sogar ein paar Elsässer, die noch ein bißchen Elsässerdeutsch können.

Alles, was hier ist – Häuser, Schulen, Krankenhaus, Kirchen – ist nicht mehr Missionseigentum, sondern wurde der kamerunischen lutherischen Kirche übergeben. Der Trend ist, daß alles Personal nach und nach durch einheimische Kräfte ersetzt wird. Am Krankenhaus scheint dies schon am weitesten durchgeführt zu sein; denn außer zwei norwegischen Ärzten und einem deutschen Arzt sowie drei norwegischen Schwestern und einer amerikanischen Schwester besteht das 90 Mann starke Personal aus Kamerunern, darunter schon zwei Ärzten.

Das Krankenhaus mit 250 Betten ist wie alle afrikanischen Krankenhäuser aufgezogen. Der Patient bezahlt einen Pauschal-Aufnahmepreis und bekommt dafür – außer Operation und Behandlung, die extra bezahlt werden müssen – nichts als ein leeres Bett mit plastiküberzogener Schaumgummimatratze gestellt. Er muß zwei bis drei Angehörige mitbringen, die ihn pflegen und waschen und das Essen für ihn kochen. Einer ist fast nur damit beschäftigt, Feuerholz und Eßwaren herbeizuschaffen, der andere kocht, der dritte pflegt den Kranken. Die Kochstellen in Form von offenen Kaminen sind in den älteren Häusern zum Teil noch im Krankenzimmer selbst, so daß dies oft eher einer Räucherkammer als einem Krankensaal ähnelt. Gewöhnlich sind in einem Zimmer fünf Krankenbetten ringsherum an die Wand gestellt, so daß sich samt den Angehörigen insgesamt zwischen zwölf und fünf-

zehn Personen darin befinden, die Kinder nicht mit eingerechnet. Die Angehörigen schlafen, wie auch zu Hause, auf Matten auf dem Boden, unter oder neben den Betten; für den Patienten muß, soweit vorhanden, Bettwäsche, Zudecke und Kopfkissen mitgebracht werden. Dazu kommen natürlich pro Familie noch fünf bis sechs Kochtöpfe, Eimer, Thermosflaschen, Kaffeekessel, Abwaschschüsseln, Eßgeschirr und Besteck – das alles wird auf einem Regal gestapelt oder einfach unter die Betten geschoben, in schönster Harmonie mit den Bettschüsseln und Urinflaschen. Wenn der Arzt kommt, um Visite zu machen, hat er die Wahl, entweder die Leute alle hinauszuscheuchen oder über sie drüberzusteigen.
Ich bin diese Verhältnisse von meinen früheren Einsätzen her gewohnt, und so wundert mich nichts. Aber wenn man fragt, wieso man sie nicht ändern kann, dann ist die Antwort einfach die, daß die Leute es sich sonst niemals leisten könnten, zu einer Operation ins Krankenhaus zu gehen. Eine Operation samt Krankenhausunterbringung kostet etwa für einen Pfarrer mehr als einen Monatslohn, und da man bei dem kargen Einkommen keine Ersparnisse machen kann, muß man Geld leihen und in Monatsraten zurückzahlen. Oft bin ich gefragt worden: »Was heißt dann Missionskrankenhaus, wenn man den armen Teufeln die Tür weist?« Dazu ist zu sagen, daß die Missionseinrichtungen fast allerorten so wie hier an die örtlichen Kirchen oder an die Regierung übergeben wurden und sich selber tragen müssen, da die einheimischen Kirchen natürlich viel zu arm sind. Die Missionsarbeiter werden zwar nach wie vor von der Heimatstelle aus bezahlt, aber das Geld für die einheimischen Angestellten sowie für die notwendigen Instandhaltungs- und Reparaturkosten muß von den Patienten aufgebracht werden. Am hiesigen Krankenhaus gibt es einen Fond von Spendengeldern, aus denen die Kosten für die ganz armen Patienten bezahlt werden, wobei es natürlich schwer ist, herauszufinden, wer wirklich arm ist und wer lügt. Man beschränkt diese Hilfe deshalb auf lebensnotwendige Operationen, die unbedingt sofort

ausgeführt werden müssen, selbst wenn das Geld nicht vorher hinterlegt ist. Man kann sich denken, daß unter diesen Umständen viele Patienten viel zu spät zum Arzt kommen, oft erst dann, wenn schon keine Hilfe mehr möglich ist. Das macht sich besonders auf dem Gebiet der Augenheilkunde katastrophal bemerkbar.

Und damit komme ich zu unserem eigentlichen Arbeitsgebiet, der Blindenmission.

Es gibt hier viel, viel mehr Augenkranke als bei uns daheim. Ein großer Teil der Augenkrankheiten wird durch tropische Parasiten hervorgerufen, hauptsächlich Trachom und Onchocercose. Dazu kommt der grüne Star hier viel häufiger vor als bei uns, sogar bei ganz jungen Leuten. Da wirkt es sich besonders fatal aus, wenn die Patienten zu spät zum Arzt kommen, denn beim grünen Star wird der Sehnerv zerstört, falls man nicht recht- bzw. frühzeitig operiert, und wenn der Nerv zerstört ist, kommt jede Hilfe zu spät. Die Onchocercose ist eine Wurmkrankheit. Die Würmer produzieren Millionen von mikroskopisch kleinen Fadenwürmern – Filarien –, die sich über die Blutbahn ins Augeninnere machen und dort die Netzhaut und den Sehnerv zerstören. Selbst wenn man sie mit einer bestimmten Arznei tötet, schädigen ihre Zerfallsprodukte immer noch das Auge. Da diese Krankheit schon bei Kindern vorkommen kann, ist sie besonders tragisch. Grauen Star haben hier nicht nur alte Leute, sondern oft werden Kinder schon damit geboren. Noch nie in meinem ganzen Leben zusammengenommen habe ich so viele Augenkranke und Blinde gesehen wie hier. In meiner jahrzehntelangen Arzttätigkeit bin ich meist mit »Leben oder Sterben« konfrontiert worden; der Augenarzt wird mit einem viel tragischeren Los konfrontiert, mit lebenslänglicher Blindheit!

Dr. Tubbesing ist der einzige Augenarzt für etwa eine Million Menschen, und seine Patienten kommen oft tausend Kilometer weit her, aus dem Süden mit der Eisenbahn, aus dem Norden mit dem Buschtaxi auf staubigen Pisten. Sie kommen sogar aus der Hauptstadt Yaounde (Jaunde) und aus den umliegenden Staaten Nigeria, Tschad und Zentralafrika. Er ist ein ganz großer Könner in seinem Fach, aber er ist viel zu gutmütig, um sich bei all der anfallenden Arbeit ein bißchen Freiraum zum Essen und Schlafen zu sichern. Ich habe große Sorge um ihn, daß er, wenn er so weitermacht, in ein paar Jahren erledigt ist und als Missionswrack nach Hause kommt.

Als ich kam, hatte sich die Situation insofern geändert, als in der Zwischenzeit ein norwegischer, ein afrikanischer und ein französischer Arzt ans Krankenhaus gekommen waren, und so beschlossen wir, daß ich bei Dr. Tubbesing auf der Augenabteilung mitarbeite bzw. mich von ihm anlernen lasse oder meine Kenntnisse von früher auffrische, um ihn eventuell im Sommer, wenn er – nach drei Jahren – seinen Deutschlandurlaub nehmen soll, zu vertreten. Ich war vor 40 Jahren ein halbes Jahr lang Assistent auf der Augenabteilung gewesen und habe während meiner Missionszeit viele Augenkranke behandelt und auch operiert. Heutzutage macht man die Staroperationen nach einer anderen, viel sichereren Methode als zu meiner Zeit, und Dr. Tubbesing meinte, das könne ich gut noch lernen. Aber ich hatte sechs Jahre zuvor das Operationsmesser für immer aus der Hand gelegt und fand es nicht gut, wenn ich mit 72 Jahren noch einmal damit anfinge, zumal zwei afrikanische Ärzte hier sind, die es brennend gern lernen möchten. Sie sind jung und bleiben im Land, ich bin alt und gehe wieder. So schlug ich vor, lieber diese Ärzte in die Operationstechnik einzuführen.

In den ersten paar Wochen half ich mal hier, mal da am Krankenhaus aus, wo man mich gerade brauchen konnte, war aber die meiste Zeit als »Lehrling« auf der Augenabteilung. Nach etwa vier Wochen Anlernzeit konnte ich Dr. Tubbesing dann hier vertreten, wenn er zu den Außenstationen hinausfuhr; einige Male begleitete ich ihn auf diesen Reisen. Auch als er plötzlich erkrankte, war es gut, daß ich ihn zusammen mit dem jungen afrikanischen Arzt vertreten konnte.

Ob meine Arbeit hier der Rede wert war oder nicht, kann ich

nicht sagen; uns beiden, Erika und mir, hat diese Zeit viel gebracht. Sie hat für uns den gewünschten Erfolg gehabt.
Wir lebten in einem kleinen Gästehaus, das an das Doktorhaus angebaut war. Es hatte zwei Zimmer, Kochnische mit Gasherd und Eisschrank sowie eine Dusche mit Durchlauferhitzer, dazu elektrisches Licht, fließendes Wasser, WC – was will man mehr? Die freundlichen Doktorsleute hatten uns angeboten, bei ihnen zu essen, aber Erika meinte: »Was soll ich denn dann den ganzen Tag tun?« So nahmen wir die Einladung nur zum Mittagessen an, die übrigen vier Mahlzeiten (wir essen ja immer fünfmal am Tag) bereiteten wir selbst zu. Wir waren mit ganz kleinem Gepäck gereist – zwei kleine Koffer, zwei Handtaschen – und hatten uns auf das Allernotwendigste beschränkt. Es gab keinen Fernseher, kein Radio – von den Abendnachrichten der Deutschen Welle um 20 Uhr abgesehen –, keine Zeitung, kein Konzert, kein Theater. Abends spielten wir manchmal mit Dr. Tubbesings Vater und Tante, die gerade zu Besuch da waren, Rommé, und das, obwohl wir zu Hause keine Karte anrühren, ja nicht einmal Spielkarten besitzen. Aber es machte uns Spaß, weil der alte Dr. Tubbesing so streng auf die Regeln hielt, daß wir oft lachen mußten.
In der übrigen Freizeit beschäftigten wir uns viel mit der Bibel, wozu man ja daheim kaum kommt, abgesehen von der täglichen Früh- und Abendandacht mit ihrer kurzen Bibellese. In dieser Stille und Abgeschiedenheit haben wir wieder zu uns selber zurückgefunden und glauben, daß wir als die alten nach Hause kommen und in der restlichen Lebenszeit, sei sie nun kurz oder lang, wieder fröhlicher durchs Leben gehen können. Dabei fällt mir das Lied ein, das wir früher oft gesungen haben:

Fröhlich zieh' ich meine Straße
hier durch dieses Pilgertal,
meinen Herrn ich nimmer lasse,
Er beschirmt mich überall.

Mag manch wilder Sturm auch toben,
der mich zu verderben droht,
gläubig blicke ich nach oben,
bin getrost in Not und Tod.

Da diese alten Evangeliumslieder von den Afrikanern gern gesungen werden, möchte ich noch etwas über das hiesige kirchliche Leben schreiben.
Das Christentum scheint hier eine etablierte, in das tägliche Leben integrierte Angelegenheit zu sein. Allerorten sind die Kirchen, katholische und evangelisch-lutherische, zum Bersten voll.
Die evangelische Stadtkirche in Ngaoundéré hat 700 Sitzplätze, die jeden Sonntag in drei Gottesdiensten voll besetzt sind. Zwei Gottesdienste werden in zwei verschiedenen Eingeborenensprachen gehalten, einer in französisch. Es singen fünf oder sechs Chöre, die meisten singen unsere Lieder. Aber ein Chor singt ausschließlich afrikanische Musik, und die hat uns sehr beeindruckt, weil sie so gänzlich anders ist als alles, was man je gehört hat; sie ist nicht einmal mit den Negro Spirituals zu vergleichen. Die Sänger, mehr Männer als Frauen, alle ganz jung, tragen altrosa Chorhemden mit großen Tellerkragen und weißem Kreuz auf dem Rücken. Von hinten kommen sie tänzelnd durch die Kirche nach vorn gezogen. Begleitet von Xylophonen, Gitarren und Trommeln singen sie vierstimmig, und zwar so kräftig und mit solch guten Stimmen, daß es schon ein großartiges Erlebnis ist, das man nicht so schnell vergißt. So integriert sich der christliche Glaube allmählich in die heimische Kultur und Tradition, und das finde ich gut.
Meist sind wir sonntags in unsere auf dem Missionsgelände gelegene Kapelle gegangen, die hauptsächlich von den Angehörigen des Krankenhauspersonals besucht wird. Hier predigt der afrikanische Krankenhausevangelist, und seine Predigten gefielen uns sehr gut, weil sie plastisch und anschaulich waren. Er trug auch in der Kirche auf der Kanzel die

Landestracht, und seine Predigt wurde von einem der Pfleger ins Französische übersetzt für die, welche die hiesige Landessprache nicht verstanden, weil sie von weiter her waren.
Natürlich sind die Muslims hier in der Überzahl, und es ist beeindruckend, wenn sie sich freitags zu Tausenden in und um ihre Moschee zum Gebet versammeln und Rücken an Rücken, schnurgerade ausgerichtet, auf dem Boden liegen. Aber doch herrscht Religionsfreiheit. Unlängst hat sich in einer kleinen Stadt folgendes ereignet:
In ein vorher rein muslimisches Gebiet waren aus anderen Landesteilen so viele Christen – Beamte, Händler usw. – zugezogen, daß beschlossen wurde, eine Kirche zu bauen. Als diese fertig war, kam nachts ein Trupp muslimischer Fanatiker und machte sie dem Erdboden gleich. »Das kommt gar nicht in Frage, daß ihr euch hier breitmacht, das hier ist islamisches Gebiet, hier habt ihr nichts verloren!«
Man ging vor Gericht, und die Muslims wurden dazu verurteilt, die Kirche aus eigenen Mitteln wieder aufzubauen, genau so, wie sie gewesen war. Die Christen siedelten sich rund um ihre Kirche herum an; sie sitzt jetzt wie eine Glucke zwischen ihren Küchlein.
Ein beeindruckendes Erlebnis aus der Augenklinik will ich noch berichten.
Eines Tages kamen zwei Blinde, Mutter und Sohn, 700 km weit mit der Bahn hierhergefahren in der Hoffnung, man könne ihnen helfen. Die Mutter, etwa siebzig Jahre alt, aber wie hundert aussehend, war auf dem einen Auge ganz blind, der Sehnerv war zerstört, also keine Aussicht auf Hilfe. Dafür war aber die Hornhaut, das »Augenfenster«, völlig klar. Auf dem anderen Auge war sie trübe, so daß die Frau nur noch hell und dunkel unterscheiden konnte. Der Sohn hatte schon früher bei einer Streiterei ein Auge ganz verloren, auf dem anderen war er hornhautblind. Der Doktor sagte ihnen, daß man höchstens dem Sohn helfen könne, wenn man die Hornhaut des gesunden, aber blinden Auges seiner Mutter auf sein Auge verpflanze; dazu müsse sie ihr Auge opfern, das aber

sowieso verloren sei. Es gab ein langes Palaver, weil niemand die Sprache der beiden verstand und der Sohn nur notdürftig französisch radebrechte. Schließlich meinte er: »Das will ich aber nicht haben, daß meine Mutter meinetwegen sterben muß, da will ich lieber blind bleiben.« Als man ihm endlich klargemacht hatte, daß die Mutter deshalb ja nicht zu sterben brauchte, und als diese eingewilligt hatte, wurde die Operation durchgeführt, mit Erfolg. Leider war das alte Weiblein so unterernährt und von der Reise und der Operation so geschwächt, daß sie nicht mehr aß und trank und uns beinahe an Kreislaufschwäche gestorben wäre. Schließlich bekamen wir sie aber wieder auf die Beine und konnten beide zum Bahnhof bringen und in den Zug setzen, nicht ohne daß die vielen Reisenden, als sie diese Geschichte erfuhren, Muslims wie Christen, die Hände zum Himmel erhoben und Gott für dieses Wunder dankten.

Eine Reise nach Yoko
Eindrücke von einem Augen-Zahn-Missionseinsatz

Die Christoffel-Blindenmission hat es sich zur Aufgabe gemacht, ihre Arbeit nicht auf die Tätigkeit am Krankenhaus zu beschränken, sondern aufs flache Land auszudehnen mit dem Ziel, Patienten so rechtzeitig aufzuspüren, daß eine augenärztliche Hilfe nicht zu spät kommt, wie es hier in Afrika leider nur allzuoft der Fall ist. Es ist für Afrikaner schwierig, Hunderte von Kilometern weit auf staubigen Pisten zum Arzt zu fahren, und wenn sie gar keine akuten Beschwerden haben, sehen sie auch kaum einen Grund dafür. Viele Augenkrankheiten können aber nur im Anfangsstadium geheilt werden, ehe der Sehnerv oder die Netzhaut des Auges zerstört ist.

Dr. Tubbesing unternimmt daher immer wieder Fahrten auf die Außenstationen, 150 bis 500 km von hier gelegen, um Reihenuntersuchungen zu machen und die Glaukomkranken frühzeitig herauszufinden. Dort wird vorher bekanntgege-

ben, daß der Augenarzt kommt, und viele Patienten, die sonst niemals zum Arzt gekommen wären, finden sich dann ein.
Nun war Dr. Tubbesing kurz vor einer geplanten Fahrt zu der am weitesten entfernten Station Yoko krank geworden: Ein Malaria-Anfall hatte ihn – trotz sorgfältiger Prophylaxe – aufs Lager geworfen, und da er kurz zuvor eine Hepatitis durchgemacht hatte, von der er sich noch nicht richtig erholt hatte, nahm ihn dieser Malaria-Anfall schwer mit. Eine derartige Anstrengung, wie sie eine 500-km-Fahrt durch den Busch darstellt, war vom ärztlichen Standpunkt aus nicht vertretbar, und er bat mich deshalb, an seiner Statt mitzufahren, um diese Aktion zusammen mit dem zur Ausbildung hierher entsandten guineischen Arzt Dr. Barry und seinem bewährten Helfer Daniel Bobbo durchzuführen.
Schier endlos war die Fahrt durch wildzerklüftetes Gebirge. Die Straßentrasse war mit vielen Windungen und Kurven meist nur uber die Höhen gezogen, wahrscheinlich um den teuren und in der Wildnis schwierigen Bau von Brücken über die in den Tälern häufigen Fluß- und Bachläufe einzusparen. Bald rechts, bald links blickte man hinab in die tiefsten Abgründe mit der dichtesten Urwaldvegetation, während auf den Höhen der lichte, hellgrüne Busch wuchs.
Endlich sahen wir von weitem auf einem langgestreckten Bergkamm das Ziel unserer Reise: Yoko. Die Straße führte in einem großen Bogen hin.
Ich erfuhr, daß die deutsche Kolonialverwaltung dieses Städtchen ursprünglich zur Hauptstadt von Kamerun ausbauen wollte, wohl wegen seiner Höhenlage mit einem für die deutschen Kolonialbeamten angenehmen Klima, aber auch weil es zentral im Lande gelegen war. Die Deutschen hatten breite Alleen angelegt, von Palmen flankiert und rechts und links von weißgekalkten Steinen eingefaßt, die bis heute weiß nachgekalkt werden, obwohl die Alleen nirgends hinführen.
Nachdem 1916 die Kolonie Kamerun Deutschland abgenommen und zwischen Frankreich und England aufgeteilt worden war, gaben die neuen Kolonialmächte den Gedanken

auf, hier eine Großstadt anzulegen, und Yoko fiel in den Dornröschenschlaf eines kleinen Provinznests am Rande der Zivilisation. Es hatte weder elektrisches Licht noch Wasserleitung, und außer dem kleinen Krankenhaus mit 15 Betten, dem Präfekturgebäude und der ziemlich großen, schön weiß gekalkten evangelischen Kirche gab es nur einige wenige Lehmhütten.

Die Missionsstation lag etwa einen Kilometer entfernt auf einer Anhöhe mit märchenhafter Aussicht in die Täler und auf die gegenüberliegenden Berge. Wie in Bayern oder Österreich kam man sich vor, bloß daß es keinen Schnee gab. Alle Missionsstationen sind so weit von den Ortschaften entfernt, und daß sie fast immer auf einer Anhöhe liegen, wurde mir damit erklärt, daß man früher, als man die Anophelesmücke noch nicht als Überträger der Malaria erkannt hatte, Malaria das »Sumpffieber« nannte und glaubte, auf den Höhen komme sie nicht vor.

Hier in Yoko wurden wir von einem jungen norwegischen Missionsehepaar, den Nicolaisens, freundlich aufgenommen und bewirtet. Einquartiert wurden wir in einem leerstehenden Gebäude, das ursprünglich als Internatsschule für norwegische Missionarskinder erbaut worden war. Als dann Jaunde die Hauptstadt wurde, verlegte man den Hauptsitz der norwegischen lutherischen Mission nach Ngaoundéré, und so wurde das Gebäude niemals seiner Bestimmung zugeführt, sondern nur als Gästehaus und Treffpunkt für einheimische Evangelisten benutzt. Es war 20 m lang und 10 m breit mit tiefen Schattenveranden, an denen die herrlichsten Bougainvillea-Ranken hinaufkletterten, und es hatte, was in den Tropen ganz selten ist, zwei Stockwerke. Im oberen waren die Kinderschlafsäle, und wir drei wurden dort, jeder in einem, untergebracht. Eine einzelne Bettstatt in einem 8 mal 6 Meter großen Raum! Aus den übrigen Räumen schleppten wir noch Sessel, Tisch, Regale und Stühle heran und genossen von dem 3 mal 10 Meter großen Balkon aus die herrlichste Aussicht. Im unteren Stockwerk hatte am einen Ende der

Missionszahnarzt seine Praxis aufgeschlagen; sein Feldbehandlungsstuhl, Kompressor mit Bohrmaschine und übriges Behandlungszubehör hatte man ebenfalls den ganzen weiten Weg durch den Busch hertransportiert. Am anderen Ende war die »Augenklinik«, deren Ausstattung weniger aufwendig war.

Drei Tage waren für Yoko vorgesehen. An diesen drei Tagen haben wir über hundert Patienten untersucht, was bei Augenpatienten, die ja viel mehr Zeit beanspruchen als die einer Allgemeinpraxis, nicht wenig ist. Darunter waren eine Menge Patienten mit grauem Star, für dessen Operation man sich im Gegensatz zum grünen Star ruhig Zeit lassen kann, zwei Patienten mit akutem grünen Star, die umgehend operiert werden müssen, falls sie nicht für immer blind werden wollen, sowie eine ganze Anzahl leider unheilbarer Blinder. Wir schärften den beiden »grünen« ein, daß sie umgehend nach Ngaoundéré kommen sollten, und hofften, daß sie es auch tun würden.

Von Yoko aus war eine Hubschrauberaktion in ganz entlegene Orte geplant, zu denen nicht einmal eine Straße oder Piste führt – also noch tiefer im Busch. Zwanzig einheimische Evangelisten sollten zur gleichen Zeit dorthin fliegen und während unserer Reihenuntersuchung einen Evangeliumsfeldzug unternehmen. Der Hubschrauber, der uns transportieren sollte, war von der schweizerischen »Helimission« – ja, das gibt es, ich hatte auch noch nie etwas davon gehört –, und der Pilot war ausgerechnet ein Neuseeländer schwedischer Abstammung, hellblond mit blauen Augen und einer typisch australisch-englischen Aussprache, die man schon beim ersten Satz heraushört, wenn man je einen Australier getroffen hat. So saßen wir bei dem Ehepaar Nicolaisen um den Tisch: zwei Afrikaner aus Kamerun und Guinea, vier Norweger – die beiden Nicolaisens, der Missionsleiter, ein 35jähriger Pfarrer, und der Zahnarzt Lind –, ein Neuseeländer und schließlich ich als Vertreter Deutschlands. Und das am Ende der Welt!

Pfarrer Nicolaisen, 30 Jahre alt, sagte unvermittelt, er habe von den anderen gehört, daß ich jodeln könne, und ob ich nicht so gut wäre und heute abend in der Kirche für seine Gemeinde jodeln würde.

»Wenn Sie mir eine Gitarre besorgen, jodle ich überall, wo Sie wollen, nur nicht in der Kirche«, sagte ich.

»Wieso nicht? Meine Gemeinde würde sich sehr freuen, sicher!«

»Weil ich das ganz einfach als Sakrileg betrachten würde, in einer Kirche zu jodeln«, gab ich zur Antwort. »Meinetwegen können Sie alle Einwohner von Yoko auf den Paradeplatz einladen, und ich jodle ihnen was vor, aber nicht in der Kirche!«

So habe ich dann abends nach dem Gottesdienst noch ein paar Jodler zum besten gegeben.

Später bin ich nachts einmal bei dem Gedanken, in einer afrikanischen Kirche vor dem Altar zu jodeln, vor Lachen schier aus dem Bett gefallen, aber Erika meinte: »Warum denn nicht? Verstanden hätten sie von dem Unsinn sowieso nichts, außerdem hättest du ja ruhig hallelujah jodeln können, Gott wäre sicher nicht beleidigt gewesen!«

Aus unserer Helikopteraktion wurde nichts. Am vorgesehenen Abflugtag streikte der Motor, und der Pilot, der gleichzeitig Mechaniker war, brauchte den ganzen Tag für die Reparatur. Am nächsten Tag saß die erste Gruppe schon angeschnallt drin, der Rotor lief auf vollen Touren und wir wollten winken, da stellte der Pilot den Motor ab. Mit betretenen Gesichtern kletterten alle heraus und fragten, was los sei. Er hatte einen Funkspruch aufgefangen, daß irgendwo auf einer weit entlegenen Missionsstation ein dreijähriges Missionarskind etwas Giftiges aus einer Flasche getrunken habe und gestorben sei. Die Eltern seien beide nicht zu Hause, der Vater auf Dienstreise in Uganda, die Mutter in Duala, der Hafenstadt von Kamerun, und er, der Pilot, möge doch bitte dorthin fliegen, die Mutter suchen und es ihr beibringen und sie nach Hause bringen. Da waren wir natürlich alle sehr traurig. Wir bliesen die Aktion ab, das heißt wir verlegten sie auf einen späteren Zeitpunkt, zu dem ich dann nicht mehr in Kamerun war. Bevor wir alle auseinandergingen, hielten wir zusammen mit den zwanzig Evangelisten eine kurze Gebetsstunde ab und beteten für die Eltern.

Wir packten zusammen. Ich fuhr diesmal mit dem Zahnarzt in seinem Mercedes, was natürlich viel angenehmer war als im Kleinbus, wo der Staub durch alle Ritzen drang, und was auch schneller ging, so daß wir die ganze Strecke an einem Tag zurücklegen konnten. Unterwegs machten wir Mittagsrast auf einer anderen Missionsstation und wurden von einem jungen Ehepaar bewirtet. Der Mann war Mechaniker. Als Kind von Missionaren war er hier in Kamerun, ganz nahe bei seinem jetzigen Einsatzort, geboren und aufgewachsen. Mit 15 Jahren war er nach Norwegen gegangen, hatte dort die Schule beendet und seine Mechanikerlehre absolviert und war nach neun Jahren mit seiner jungen Frau wieder zurückgekommen, weil er sich hier zu Hause fühlte. Er hatte ein ganz anderes Afrika vorgefunden als das, an das er sich erinnerte, und erzählte uns viel aus seiner Kindheit, als die Verhältnisse viel primitiver und die Afrikaner viel rückständiger waren als jetzt. Ich erfuhr, daß zehn Prozent der hier tätigen norwegischen Missionare hier geborene Missionarskinder sind und teilweise zwei, drei Geschwister einer Familie hierher zurückgegangen sind, daß aber oft andere Geschwister überhaupt nichts vom Glauben und von der Mission wissen wollen, also ähnlich wie in unserer Familie. Das hat mich einigermaßen getröstet.

Unsere weitere Reise verlief ohne Zwischenfälle, und als wir abends staubig und müde ankamen, waren Erika und Familie Tubbesing natürlich erstaunt, daß wir schon da waren. Obwohl wir nur die halbe Aktion durchführen konnten, war die Reise für mich doch ein Erlebnis besonderer Art.

Weitere Werke von Gerhard Dollinger

In der schönen Wüste

144 Seiten, gebunden · ISBN 3-89511-003-5

Das Leben führte Gerhard Dollinger über viele Stationen in die weite Welt und auch wieder in die Praxis eines Landarztes in Süddeutschland. Durch die Jahre hat er Erlebnisse, die ihm wichtig waren, festgehalten und als Geschichten und Erzählungen gesammelt.
Die hier geschilderten Ereignisse haben ihren Schwerpunkt in der Zeit, als er zusammen mit deutschen Schwestern in wüstenartiger Gegend in Syrien ein verlassenes Krankenhaus wieder aufbaute und in Betrieb nahm. Begebenheiten aus der Zeit vorher und dann wieder nach der Rückkehr nach Deutschland runden das Buch ab.
Gerhard Dollinger beschreibt persönliche Erlebnisse aus Praxis und Familie und erzählt vom Lebensweg vieler Menschen, die ihm begegnet sind. Mit viel Humor und großer Lebenserfahrung zeigt er, wie er den oft übermenschlichen Anforderungen mit einem lebendigen Vertrauen entgegentreten konnte.
Die spannenden Berichte, die sich auch gut zum Vorlesen in Kreisen und Gruppen eignen, geben Einblick in mancherlei Schicksale und Verhältnisse im In- und Ausland und lassen uns an einem bewegten Leben teilnehmen.

Geschichten aus meinem Leben

MC (Musicassette). Live-Mitschnitt bei einer Leseveranstaltung. 60 Minuten Dauer · ISBN 3-89511-004-3

Man muß Gerhard Dollinger gehört haben, wie er selbst aus seinen Büchern liest! Voller Spannung spürt man diesem Live-Mitschnitt ab, wie gebannt die Zuhörer bei der Sache sind und wie der Humor beim Autor durchblitzt und beim Hörer eine fröhliche Reaktion hervorruft.

Betulius Verlag Stuttgart